大江金岸

汉口历史风貌区图志

DAJIANG JIN'AN
HANKOU LISHI FENGMAOQU TUZHI

武汉市江岸区政协文史和学习委员会
武汉市江岸国有资产经营管理有限责任公司 编

武汉出版社
WUHAN PUBLISHING HOUSE

（鄂）新登字08号

图书在版编目（CIP）数据

大江金岸 ：汉口历史风貌区图志 / 武汉市江岸区政协文史和学习委员会, 武汉市江岸国有资产经营管理有限责任公司编. -- 武汉 : 武汉出版社, 2023.2

ISBN 978-7-5582-5705-6

Ⅰ.①大… Ⅱ.①武… ②武… Ⅲ.①城市建设—概况—汉口 Ⅳ.①F299.276.34

中国国家版本馆CIP数据核字（2023）第004281号

大江金岸：汉口历史风貌区图志

编　　者：武汉市江岸区政协文史和学习委员会
　　　　　武汉市江岸国有资产经营管理有限责任公司
责任编辑：谌丽平
封面设计：沈力夫
出　　版：武汉出版社
社　　址：武汉市江岸区兴业路136号　　邮　　编：430014
电　　话：(027)85606403　　85600625
http://www.whcbs.com　　E-mail: whcbszbs@163.com
印　　刷：湖北恒泰印务有限公司　　经　　销：新华书店
开　　本：787 mm×1092 mm　　1/16
印　　张：20.75　　字　　数：430千字
版　　次：2023年2月第1版　　2023年2月第1次印刷
定　　价：78.00元

关注阅读武汉
共享武汉阅读

ISBN 978-7-5582-5705-6
9 787558 257056 >

前　言

建安沔水口，东吴锁穴处；嘉靖襄河泽，正德汉口镇。

明末的汉口镇，成为全国性水陆交通枢纽和中国内河最大港口，与景德镇、佛山镇、朱仙镇并称“中国四大名镇”。自1861年汉口开埠以来，江岸有英、俄、法、德、日等国设立的领事馆及由此衍生的华商“模范区”，集聚近30家外资金融机构和100多家洋行。“武汉之兴始于汉口，汉口之兴始于江岸”，江岸是汉口开埠兴源之地，武汉近代化从这里开端；江岸是中俄万里茶道的重要集散地，中西方文化在这里交融。

江岸曾是中国革命的摇篮和发源地之一，京汉铁路大罢工在此爆发，中共中央机关曾迁于此，提出“枪杆子里面出政权”的八七会议在此召开。汉口被誉为大革命时期中国的“红都”。在江岸这片土地上，现有62处市级以上文物保护单位建筑，159处优秀历史建筑沿街矗立，江岸被称为“没有围墙的博物馆”。江岸有许多具有异国风格的历史建筑和近代居民生活的“里份”，这些真实的历史建筑蕴藏着真实的历史信息，承载着城市百余年发生的重大历史事件，记录着城市百姓的寻常人生，构成了城市文化厚重久远的历史根脉。

中共江岸区委、江岸区政府一直高度重视优秀历史文化街区和历史建筑的保护与利用工作，特别是区第十二次党代会提出了打造“汉口之心、美好江岸”的奋斗目标，制定了《江岸区推进汉口历史文化中心建设实施方案》，决定实施“汉口历史文化空间品质提升、创意设计产业壮大、文旅产业提升和公共文化服务提质”四大行动计划。汉口历史风貌区获评AAA级景区，充满异域风情的历史建筑随处可见，一批百年历史建筑重新焕发生机活力，汉口历史文化风貌和独特滨江城区魅力充分彰显，形成了独具特色的“大汉口”江岸风情。

当历史的聚光灯照亮江岸时，江岸人不负时光、筚路蓝缕，用自己的豪情书写出了新的历史。江岸81.21平方千米的辖区面积，2021年贡献出1470亿元的GDP。现已诞生了23栋纳税超亿元楼宇，3栋纳税超10亿元楼宇。在汉口滨江国际商务区，将集聚13栋高度200米以上超高层商务楼宇，全武汉近三分之一的保险公司区域总部机构位于江岸，100个金融服务业法人和区域总部机构落子江岸，一批重量级企业的全国总部入驻江岸。

老汉口寸土寸金，新江岸遍地有金。“531”产业体系撑起江岸发展的“脊梁”，金融保险、创意设计、商贸物流、文化旅游、生态环保五大主导产业蓬勃发展；生命健康、数字经济、人工智能三大战略性新兴产业蓄势待发。汉口历史风貌区和长江左岸创意设计城的轮廓日渐清晰。长江勘测、中信设计等72家规模以上创意设计企业落子江岸，全力打造武汉“设计之都”核心区。百年老建筑平和打包厂旧址华丽转身，成为多牛世界时尚创意产业园，集聚了一大批文创企业。2021年9月，“万亿级央企”中国长江三峡集团搬迁至武汉，落户江岸，以“三峡系”企业为龙头的生态环保产业集群强势崛起。江汉路步行街入选第一批国家级夜间文化和旅游消费集聚区，黎黄陂路历史文化街区、吉庆民俗街入选全省首批旅游休闲街区，江岸区迈出了打造长江左岸创意设计城的坚实步伐，正朝汉口历史文化核心区的目标踏步迈进。

本书以“大江金岸：汉口历史风貌区图志”为题，分历史篇、纪实篇、发展篇，共收录各类历史建筑七十余处，照片数百幅，概要记述了江岸历史建筑和与其相关的人文故事，反映出江岸打造历史风貌区的历程与成就，助推江岸老城更新“蝶变”、商业迭代逐高、历史人文深度融合发展。

砖瓦无声，历史有言；百年建筑，你我同寻。百年建筑虽静默无语，风云烟火却生生不息。江岸区已成功获得“全国综合竞争力百强主城区”“全国营商环境百强区”“国家级双创示范基地”“教育部基础教育综合改革实验区”“中部教育现代化试点试验区”等殊荣，还入选“全国最具投资潜力区域百强榜”，不愧为英雄大武汉的“首善之区”。

让历史发声，让历史留痕。汉口江岸老城历经一包六十余载，历史底蕴深厚，希冀通过历史回顾与展现、人文史迹发掘、老城更新“蝶变”、红色文旅融合等，串珠成链，享誉大江南北，进一步增强对中国共产党和中国特色社会主义道路的政治认同、思想认同、情感认同，凝聚起全区人民打造“三中心一基地”、建设现代化强区、奋进新时代的强大合力。

滚滚长江连绵不绝，诉说着韵味悠长的历史。过去是江岸传奇，现在是江岸担当，未来必是江岸崛起。我们坚信，在习近平新时代中国特色社会主义思想和中国共产党第二十次全国代表大会精神的指引下，江岸区定能争当武汉高质量发展排头兵，全面开创社会主义现代化建设新局面，打造新时代英雄城市核心引领区，谱写出新时代的新辉煌、新篇章！

2023年2月

目　录

第一篇　历史篇

第三篇　发展篇

五、媒体聚焦大江金岸

附表

第一篇　历史篇

导言：汉口历史风貌区实施性规划

汉口历史风貌区位于汉口老城核心区域，北达京汉大道，南抵沿江大道，西起友谊南路，东至黄浦大街（又名“黄浦路”），总面积6.02平方千米，拥有丰富的历史文化资源、便捷的交通区位条件、独特的老汉口生活气息和优质的滨江生态资源。

它与长江创意设计城、武汉天地商圈相连，既有百年历史文化的厚重，又有现代武汉的繁华与精致。依托深厚的历史底蕴和良好的生态景观，这里将是展现武汉城市魅力、塑造滨水特色区的重要样板区。

着眼于生态修复、老城复兴、文脉传承，汉口历史风貌区江岸片被划分为“青岛路产居品质区”“八七历史博览区”“三阳设计互联区”“六合民生示范区”四大主题产业片区，将打造成独具老汉口特色的历史文化旅游胜地，立意于建设世界级历史人文集聚展示区。

汉口历史风貌区六大主题产业片区示意图

2020年，武汉市规划研究院编制完成《汉口历史风貌区实施性规划》。规划范围内拥有各级文保单位及优秀历史建筑两百余处，依托丰富的历史建筑和特色里份，坐落在有江汉路、汉正街等极具品牌价值的商业项目区，毗邻汉口江滩，拥有极其优质的滨江生态资源。汉口历史风貌区既包括老汉口的核心区——全市历史文化资源最为集中的地区，也包括最具

“汉派”风情和文化底蕴的市民生活区。

其规划目标是，按照“以人为本、科学规划、文化传承、修旧如故、宜居宜业宜游”的总体要求，将项目区建设成为凝聚大武汉精神的世界级人文时尚项目区。通过功能重置，塑造武汉对话世界的文旅地标；通过生活重构，打造未来健康生活的全球样板；通过形象重塑，彰显“老汉口”独特风情的品位之地；通过文化重续，形成焕活“新汉派”历史记忆的传承之所。

规划内容紧扣政策、面向实施、结合市场，构建“三化同步”“三层递进”的规划编制体系，将产业与空间关联、规划与实施衔接，全周期地确保规划落地，全方位地锤炼亮点区块。依托“1+6+N”编制模式，实现“1”个实施性规划，产业策划和运营机制研究、公共空间设计导则、道路和市政基础设施项目建设导则等“6”个专项研究指引，“N”个项目详细设计的有效传导。

规划首次从历史风貌区整体层面统筹考虑，通过“两轴（中山大道历史文化轴、沿江百里生态文化轴）六区”的总体空间结构，彰显风貌、表达特色，实现功能重置、生活重构、形象重塑、文化重续。融入城市经营理念，从静态遗产式保护向动态文旅商联动转变，通过针灸式的微更新，活化利用历史资源、治理老旧小区、提质公共空间、优化基础设施，以提升人民的幸福感。同时，运用大数据技术，引进专业会计测算团队，帮助决策、优化设计，加强项目的可操作性。

规划坚持“留改拆”并举思路，保留更新一批历史建筑，改造整治一批老旧小区，以重点项目改造为抓手，为区域注入新的活力。

规划形成8个主题鲜明的亮点项目片区，包括三阳设计片、三德创意片、长春汉韵片等。

对重点特色历史建筑精心改造，如对巴公房子，将邀请国内外知名设计师进行改造设计；对民众乐园将进一步进行产业升级，形成“老戏新唱”的文化体验乐园；对平和打包厂旧址也将继续以数字经济为核心，打造“长江云端”。

将对一百多个老旧社区进行全面改造，在居民“家门口”建设多个“邻里中心”，集医疗、养老、文化、社区管理等众多功能于一体，集中满足从小孩到老人的“全龄段”服务保障，每个邻里中心可辐射3万~5万人，实现“15分钟生活圈”全覆盖。

多种途径解决“停车难”，采取分流的方式适度控制外来车辆，利用新建写字楼、公共绿地等，建设地下停车场，在闲置边角地带建设立体车库，激励市民绿色出行，“织补”慢行线路，实现骑行道全覆盖等。

优化零碎空间，打造多处“口袋”公园和广场，完善“10分钟公共活动圈”，满足市民公共活动需要。

一、汉口镇长成史略

（一）

武汉地处长江中游、江汉平原东端，长江最大的支流汉江在此汇入长江，“Y”形河道造就三镇鼎立。长江东岸的武昌与长江西岸的汉阳，地形上都是山水相间，均在约 1800 年前的东汉末期出现城镇，延绵不绝，直至 19 世纪晚期发展为近代城市。而汉口地方，在明代中期以前，还是汉江汇入长江的河网三角洲地区的一小块沙洲。

远古时期，江汉平原地带还是古云梦泽的湖底。随着岁月的流逝，干涸出来的陆地逐渐增多，汉江末端汇入长江的地方呈现错综复杂的河网式多口入江态势，且河道主泓与水量经常变动，上游的沌口，中间的龟山南麓和北麓，下游的府河口、武（湖）口，汉江入江口有六七处。而最近两千多年里，龟山北麓的汉江河道一直是汇入长江的主河道。

关于最近两千多年里龟山北麓的汉江（以前称“沔水”）河道上发生的大战及其遗留痕迹，史书有明确记载。

据晋代《三国志·吴书·董袭传》记载，东汉建安十三年（208），孙权再次进攻据守汉江北岸却月城的江夏太守黄祖。黄祖为了扼守沔水入江口，将两艘大型战船（艨艟）横着，用粗壮的棕绳栓在岸边的巨型石碇上。船上有一千多人，弓弩交叉发射，箭如雨下，孙权的军队一时前进不得。

北魏成书的《水经注》记载，大别山（今龟山）左侧即沔水口，沔左有却月城，亦曰偃月垒，戴监军筑，故曲陵县（汉阳区前身）也。

用棕绳、铁锁封锁河道的遗迹——锁穴，历代史志偶有记载。南宋《方舆胜览·湖北路》记载，锁穴在大别山之阴，即孙皓以铁锁断江处。明景泰《寰宇通志》记载，锁穴在大别山阴，晋伐吴时，吴人于碛险要害处皆以铁索横截之，山阴二处有石穴俱存，即其系锁处也。明万历《汉阳府志·杂志》记载，锁穴在大别山北，昔吴孙皓遣人防险要，皆以铁锁横江截之，山石间凿窍贯锁，后人名锁穴。清乾隆《汉阳府志》也说，锁穴，在大别山阴，山阴四石穴尚存。

（二）

虽然最近2000年里，龟山北麓的汉江河道是汉江汇入长江的主河道，但是由于多口入江，河道比较浅，水量也不集中。明成化年间一次河道裁弯取直，造成了汉江入江口——汉口这块沙洲天翻地覆的变化。

据明嘉靖二十五年（1546）《汉阳府志·方域志》记载："襄河，在汉口北岸十里许，即古汉水正道。汉水从黄金口入排沙口，东北转折，缳抱牯牛洲，至鹅公口，又西南转北，至郭师口，对岸曰襄河口，约长四十里，然后下汉口。成化初，忽于排沙口下、郭师口上直通一道，约长十里，汉水径从此下，而古道遂淤。今鱼利略存，舟楫已不达矣。呼襄河者，水自襄阳来也。"

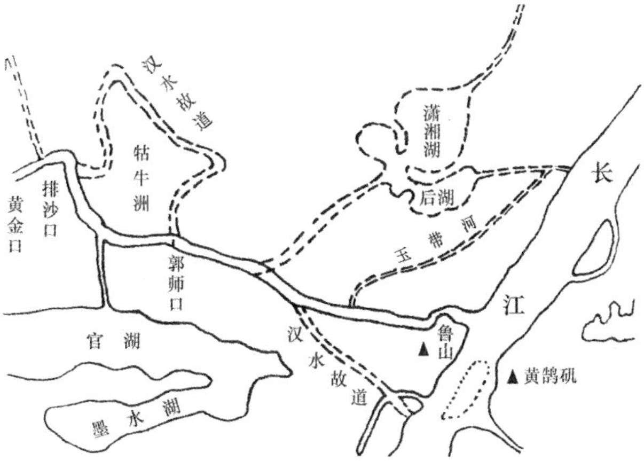

明成化年间汉江改道示意图（转引自《武汉城市简史》，武汉出版社 2019 年版）

黄金口、排沙口在今东西湖区舵落口附近，汉江原本呈"Ω"形流经汉口沙洲东北部，再从汉口西南入长江。明中期成化初年（1470 年前后）的一次汉江大水，使汉江不再呈"Ω"形环绕，而是直通而下，裁弯取直。其背后的自然因素是，到明代，长江、汉水泥沙的堆积使古云梦泽巨大水体逐渐消失，汉水众多水域逐渐汇集成数量更少、水量更大的河道，乃至唯一。其社会因素是，明代实行"招民垦荒"，江汉平原人口不断增加，垦荒、盖房、筑堤，使汉水河道不断受到约束，流量加大、流速加快，多处裁弯取直。

这一次距离入江口非常近的、小小的裁弯取直，使汉口附近的汉水河道加深、河面扩宽，有利于更多船只停泊，加之明代中后期长江流域的农业进步和国内商品经济、手工业的迅猛发展，使汉口在随后的 100 年里，从一片沙洲成长为"九省通衢"的商业名镇。

（三）

据清同治《汉阳县志》中的《风水论》记载，汉口初亦芦洲耳，明洪武间未有人住。

清乾隆《汉阳府志·地舆》中《汉口北课旧碑记》记载，明代前期的天顺年间（1457—1464），即成化初年汉江裁弯取直约十年前，汉口基地，查系江夏县民萧廷机始祖萧一承佃汉阳县三沦河泊所十八垱蚁子马场湖南侧地，西至郭师口，东至大江，天顺年间，民人张添爵等的前人在彼筑基盖房，每年认萧一课银三分。也就是说，明代早期，汉口还是荒芜的沙洲，人口不多，地租不高。

成化初年汉江改道后，汉口沙洲的地理环境是，南边是汉江河道及其堤埂，东南是长江堤埂，西北是襄河故道留下的大后湖，可谓四面环水，而沙洲内则是湖塘密布，外洪内涝的威胁难以应付。清道光年间，范锴在《汉口丛谈》中描述，废襄河离汉口北岸十里许，即古汉水正道，久淤，夏秋水涨，名潇湘河，春涸草生，名黄花地。

随着航运条件的改善、汉口商业的发展和人口的集聚，明弘治十年（1497），汉阳县在汉江南岸的崇信坊设立汉口镇巡检司，以管理崇信坊和汉江北岸的居仁坊、由义坊、循礼坊、大智坊。

正德元年（1506），汉口被定为漕粮交兑口岸，到万历元年（1573），明廷诏准衡、永、荆、岳及长沙等地的漕粮全在汉口交兑，汉口由此而成为湖广漕粮储存、转运的中心。

万历初年，由扬州上驶的巨大盐船群聚武昌之金沙洲，嗣以岸善塌，惟汉水入江之处水势稍平，故盐船皆泊其上游，此汉口盐行之始也。万历四十五年（1617），明廷建立由领有执照的盐商运销淮盐的制度——“纲法”。大型运销“纲盐”的船只停靠汉口后，再将纲盐分销至两湖地区各州县口岸，年运输量约1亿斤。

漕粮、纲盐以及其他商品的大量运输使汉口货物山积，居民填溢，商贾辐辏，成为“楚中第一繁盛地”，“汉口为九州百货备集之所，而盐务一事亦足甲于天下……十五省中亦未有可与匹者”。万历二十八年（1600），还因为太监陈奉奉旨征税、搜刮富饶的汉口商民而激起民变。

汉口镇卓然独立的标志是，万历年间的一场大火烧毁了位于汉江南岸的崇信坊，迫使汉口镇巡检司迁到汉江北岸的循礼坊汉阳府原同知衙署内。（清雍正五年，即1727年，汉口镇巡检司分设为仁义巡检司和礼智巡检司。）

为了保护四面环水、经常遭水淹的汉口镇，明王朝灭亡前，即1635年，汉阳府通判袁焻主持在汉口镇最北边修筑后湖长堤（后称袁公堤、长堤街）。该堤从硚口（今汉江边硚口路）

至堤口（今长江边民权路附近），保护了以汉正街（长约 1600 米）和黄陂街（长约 800 米）为主轴的汉口镇免遭经常性洪涝灾害。袁公堤呈弓形，弧长约 3200 米，其围合的街区，宽度在 300~1200 米，当时汉口镇总面积约 2.6 平方千米。

明末的汉口镇，已经成为全国性水陆交通枢纽和中国内河最大港口，成为与景德镇、佛山镇、朱仙镇并称的国内四大名镇。

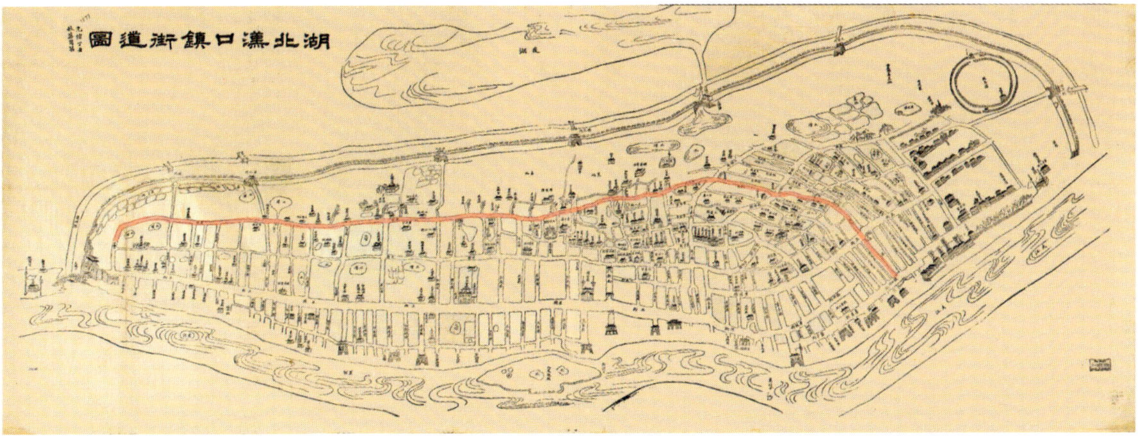

1877 年汉口镇地图中的汉镇堡垣（外围大弧线）与袁公堤（城内红色弧线）

（四）

清初，汉口镇城区跨越袁公堤，以花楼正街（今黄陂街南段）为主轴，向两侧发展，东沿长江，至广利巷（今江汉路），西至花布街和后街。经过约 200 年的发展，到 1864 年，修筑的汉镇堡垣从硚口到沙包（今长江边一元路），长约 5300 米，围合的汉口镇总面积约 4.9 平方千米。除去堡垣内划定的英租界和预留的俄法租界 0.93 平方千米，汉口镇华界面积约 3.97 平方千米，比明末的汉口镇扩大了约 1.37 平方千米（扩大约 52.7%）。

在汉口镇老城区中，据康熙年间的晏斯盛《请设商社疏》所奏，楚北汉口一镇，尤通省市价之所视为消长，而人心之所因为动静者也，户口二十余万，五方杂处，百艺俱全，人类不一，日消米谷不下数千石。

1861 年汉口开埠，对外通商，随着汉镇堡垣以外德、日租界（总面积约 0.85 平方千米）的设立，汉镇堡垣拆除，修筑京汉铁路、张公堤等，涸出土地，汉口城区逐步扩展，铁路线以内的市区面积达到约 10.5 平方千米。而随着对外贸易、外资工业、洋务运动和民族工商业的交互作用，汉口的经济地位直线上升，以至于清末的日本驻汉总领事水野幸吉在《中国中部事情：汉口》一书中惊叹：与武昌、汉阳鼎立之汉口，年贸易额达一亿三千万两白银，夙超天津，近凌广东，现今已成为清国第二要港，几欲摩上海之垒，使观察者艳称其为东方之芝加哥。另有资料表明，1911 年辛亥革命爆发时，汉口有 60 万人。

辛亥革命时的阳夏战争之兵燹虽然重创了汉口，但汉口经济的恢复仍较迅速。到 20 世纪 30 年代中期，汉口又是一片都市气息。据 1933 年的《武汉指南》记载，武汉昔称九省通商要镇，自平汉、湘鄂两路完成以来，直接与武汉通商发生贸易关系者，何止九省，现居民达百三十万，逾二十万户，商店三万，工厂及千，机关之众，学校之多，与夫水陆交通舟车往返频繁，实为全国之冠。

二、汉口五国租界区形成史略

（一）

在第二次鸦片战争中，战败的中国于 1858 年 6 月 26 日（清咸丰八年五月十六日）与英国签订《天津条约》，其第十款规定：长江一带各口，英商船只俱可通商，惟现在江上下游均有贼匪，除镇江一年后立口通商外，其余俟地方平靖，大英钦差大臣与大清特派之大学士尚书会议，准将自汉口溯流至海各地，选择不逾三口，准为英船出进货物通商之区。

1860 年 10 月 24 日（清咸丰十年九月十一日），中英签订《天津条约》批准书——《中英续增条约》，即《中英北京条约》。

1861 年 3 月 21 日，英国公使馆参赞巴夏礼与湖北武昌等处承宣布政使司在武昌订立《汉口租界条款》，划定花楼巷往东长 250 丈、宽 110 丈的 458 亩零 80 号（约 0.3 平方千米）的土地为英租界。其范围是今江汉路与合作路之间、长江边与胜利街之间。

近代汉口英租界地图

1864 年，武汉地方当局为了防范活动在北方的捻军可能对汉口的进攻，修筑了上起汉江边硚口、下至长江边沙包的汉镇堡垣，长约 5300 米，围合的汉口镇总面积约 4.9 平方千米，其中已经划定的英租界和预留的租界区共 0.93 平方千米。

英租界设立后，英国、法国、美国、荷兰、比利时、意大利、丹麦、瑞典、挪威等国家陆续在汉口设立领事馆，更有众多洋行、银行、工厂和货栈开设，教堂、学校、医院、俱乐部等建立，使汉口城区向长江下游沿岸发展。

1898 年 8 月 31 日，英国驻汉口领事霍必澜与湖北按察使、汉黄德道江汉关监督签订《英国汉口新增租界条款》，决定英租界向西拓展至城垣内官地 5 丈止，北与俄界相连，新增土地 337.5 亩，总面积 795.33 亩（约 0.53 平方千米）。其范围推进到今中山大道地域，也使汉口城区向西扩展。

（二）

甲午战争后的 1895 年，德国借口与俄国、法国一起进行“三国干涉还辽”有“恩”于中国，提出在汉口设立租界。10 月 3 日，汉黄德道江汉关监督与德国驻沪总领事在汉口订立《汉口租界合同》，将汉镇堡垣通济门城外沿江官地，共宽 300 丈，进深 120 丈，总面积 600 亩（0.4 平方千米），划定为德租界。其范围是今一元路与六合路之间、长江岸线与中山大道之间，使汉口城区进一步向长江下游沿岸延伸。

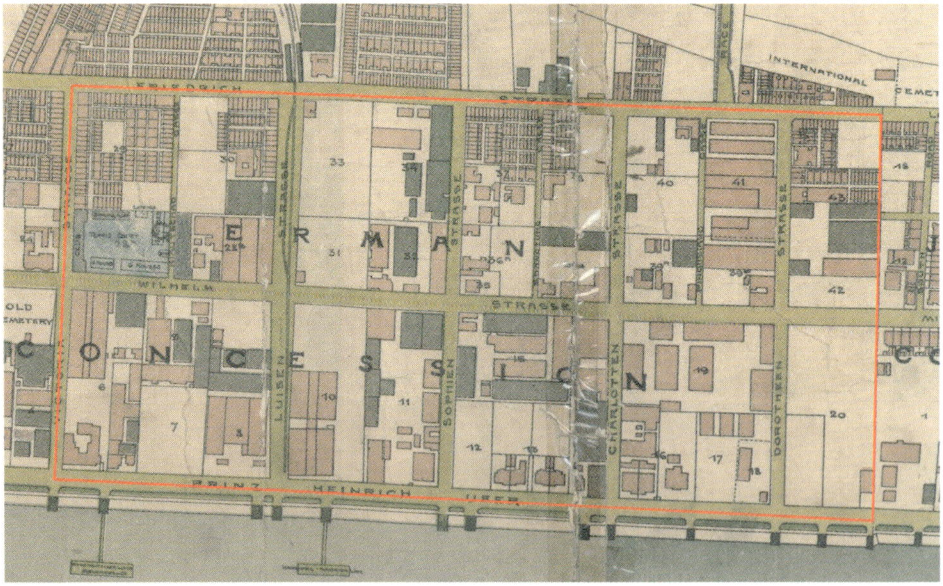

近代汉口德租界地图

1898年8月27日，汉黄德道江汉关监督与德国驻北京特派员柯达士在汉口修订界址，将汉镇堡垣拆除后的城垣外官地36.83亩（今一元路周边）划给德租界，德租界面积增加到636.83亩（约0.42平方千米）。

（三）

1896年6月2日，汉黄德道江汉关监督瞿廷韶与俄罗斯驻扎天津领事宜德在汉口签订《汉口俄租界地条约》，规定英租界以下沿江至通济门内官地为止，计长288丈，俄租界占三分之二，为192丈，面积414.65亩（约0.27平方千米）。其范围是今合作路与黎黄陂路—洞庭街—洞庭小路之间、长江岸线与中山大道之间。

近代汉口俄租界地图

在与俄国签约的同一天，汉黄德道江汉关监督瞿廷韶与法国驻扎汉口、九江领事德托美签订《汉口租界租约》，规定英租界以下沿江至通济门内官地为止，计长 288 丈，法租界占三分之一，为 96 丈，面积 187 亩（约 0.12 平方千米）。其范围是今黄兴路与一元路之间、长江边至中山大道之间。

1902 年 10 月，中法签订《汉口展拓法租界条约》，拆除汉镇堡垣尾段，法租界向西扩展至距京汉铁路大智门车站 60 丈为止，扩展面积 170 亩（约 0.11 平方千米），总面积 357 亩（约 0.24 平方千米），也使汉口城区突破堡垣向西扩展。

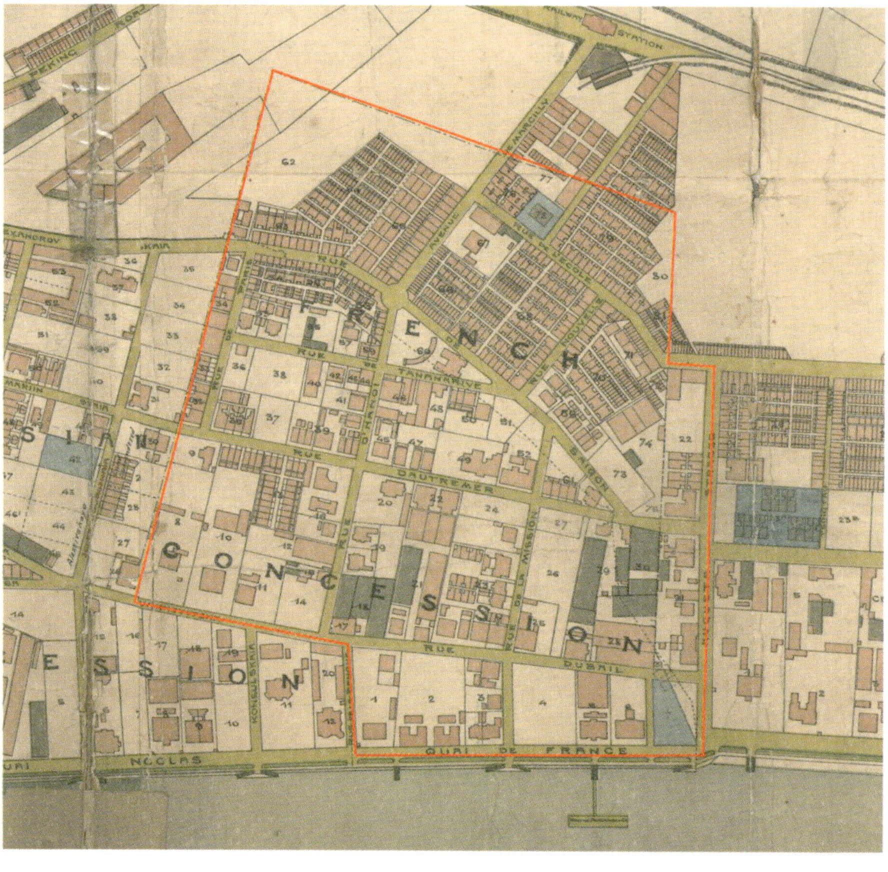

近代汉口法租界地图

（四）

1898 年 10 月 19 日，汉黄德道江汉关监督瞿廷韶与日本驻上海总领事小田切在汉口签订《汉口日本专管租界条款》，划定德租界以下日租界，沿江 100 丈，东至江口，西至京汉铁路边，面积 247.5 亩（0.165 平方千米）。其范围是今六合路与郝梦龄路之间、长江岸线与中山大道之间。

1907年2月9日，汉口关道桑宝与日本驻汉口领事水野幸吉签订《推广汉口租界专条》，日租界沿江向北扩展150丈，扩展面积375.25亩（约0.25平方千米），总面积达到622.75亩（约0.415平方千米）。其范围向北扩展，也使汉口城区向长江下游沿岸延伸至更远。

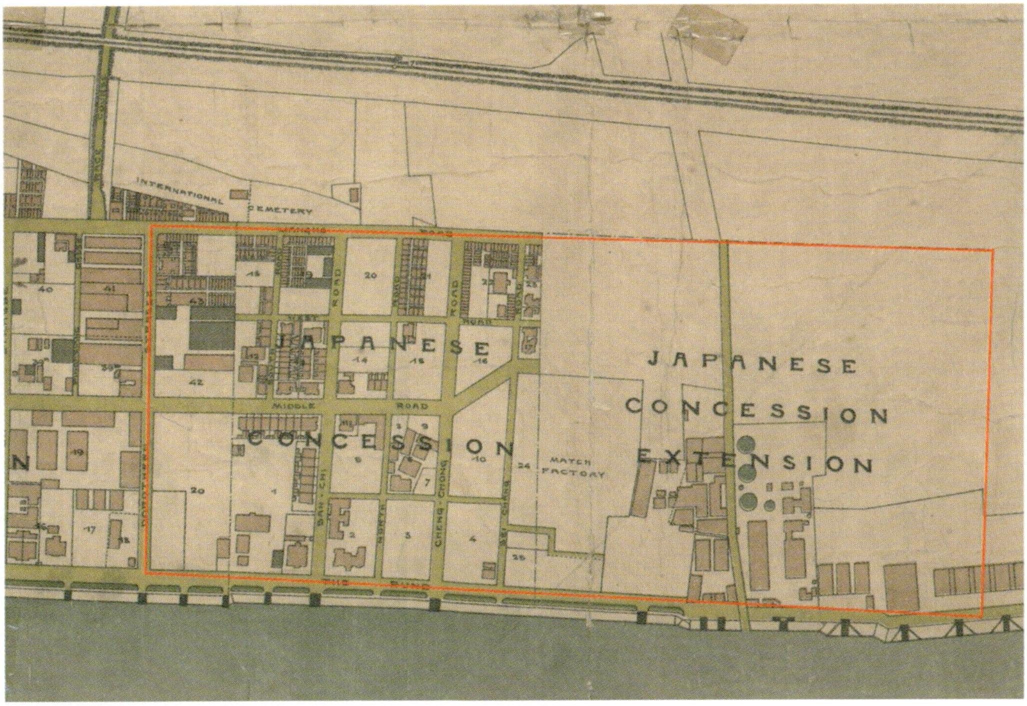

近代汉口日租界地图

（五）

为了维护主权完整和民族尊严，中国人民收回租界的斗争从未停止。

1. 1917年，第一次世界大战中，3月14日北京政府宣布与德国断交，接收在华德国租界。3月15日，湖北督军王占元奉北京政府令，派江汉关监督兼交涉员吴仲贤与汉口警察厅警察长率150名警察、136名巡捕进入汉口德租界，接管德租界的警察权。3月28日，北京政府内务部公布《管理津、汉德国租界暂行章程》，决定在汉口德租界设特别区临时管理局。8月14日中国对德国正式宣战后，特别区临时管理局改为汉口特别区管理局，由湖北省政府管理。8月21日根据内务部《管理敌国租界办法》及《特别区市政管理局简章》，设汉口特别区市政管理局。

1926 年 10 月汉口特别区市政管理局改为汉口市第一特别区管理局，1927 年 4 月改为武汉市第一特别区管理局。1929 年 1 月 1 日，湖北省政府撤销武汉市第一特别区管理局，市政归并武汉市。

2. 1919 年 7 月 25 日，苏俄政府外交人民委员向中国人民和中国南北政府发表宣言，表示将废除沙皇政府同中国订立的不平等条约，放弃沙皇政府以侵略手段从中国夺取的所有土地。但在 1920 年 3 月得到苏俄政府宣言之前，北京政府仍然承认已被推翻的旧俄政府，并继续让其驻华公使和各地领事行使职权。1920 年 9 月 27 日，苏俄政府发表第二次对华宣言，宣布将前沙皇政府与中国所订协约概行废弃，放弃侵占所得之中国领土及中国境内之俄国租界，并将沙皇政府及俄国资产阶级掠自中国者，皆无报酬地永久归还中国。10 月 26 日，湖北省交涉署宣布成立暂行代管俄界办事处，11 月 1 日改为特别区办事处。

1924 年 5 月 31 日，中、苏在北京签订《中俄解决悬案大纲协定》，7 月 1 日中国正式收回汉口俄租界，成立收回俄租界临时管理处。1925 年 3 月 1 日改为汉口特区管理局，由湖北省管理。1926 年 10 月改为汉口市第二特别区管理局，1927 年 4 月改为武汉市第二特别区管理局。1929 年 1 月 1 日，湖北省政府撤销武汉市第二特别区管理局，市政归并武汉市。

3. 1926 年 9 月，国共合作的、从广州出发的北伐军攻占汉阳和汉口，10 月 10 日攻占武昌。1927 年开年，武汉人民连续举行各种活动，庆祝北伐胜利和国民政府迁都武汉。1 月 3 日下午 2 时，武汉中央军事政治学校宣传队在江汉关附近空地上演说，英国水兵和“义勇队”悍然向聚集的中国民众开枪，致使数十人受伤，史称“一三”惨案。惨案激起武汉民众的极大愤怒，大量民众和工人纠察队冲进英租界，英国水兵和“义勇队”被迫撤到军舰上，并请求国民政府派兵保护英租界。基于国民政府控制了英租界的事实，经过交涉和谈判，2 月 19 日英国政府与国民政府签订协议，将汉口、九江两地的英租界交还中国。3 月 15 日，外交部汉口第三特别区市政管理局成立。

1941 年 12 月太平洋战争爆发后，日军接管汉口第三特别区市政管理局，1942 年 4 月 12 日交给伪汉口特别市政府。1945 年 8 月抗日战争胜利后，根据中英间的约定，原汉口第三特别区并入汉口市。

4. 1937 年 7 月抗日战争爆发，8 月 6 日日本驻汉口代总领事松平忠久于撤侨前夕请求汉口市政府代管日租界。1938 年 8 月 13 日，汉口市政府宣布收回日租界，设立第四特别区。10 月下旬武汉沦陷，日租界恢复。

1941 年 12 月太平洋战争爆发后，中国对日、德、意宣战，与美、英、苏等结成同盟。1942 年 10 月 9 日，英、美政府分别声明愿即时放弃在华治外法权及其他有关权益。日本为了增加汪伪政府的“合法性”，1943 年 3 月 30 日在汉口举行“交收”汉口、沙市日租界仪式。

同时，为了增加汪伪政府的“合法性”，日本串通法国维希政权于1943年6月5日在汉口举行“接收”法租界仪式。1945年8月抗日战争胜利后，中国政府正式接收汉口法租界。

汉口五国租界的历史在1945年抗日战争胜利后全部终结，但在1949年10月1日中华人民共和国成立前，中国的社会性质并没有根本改变。

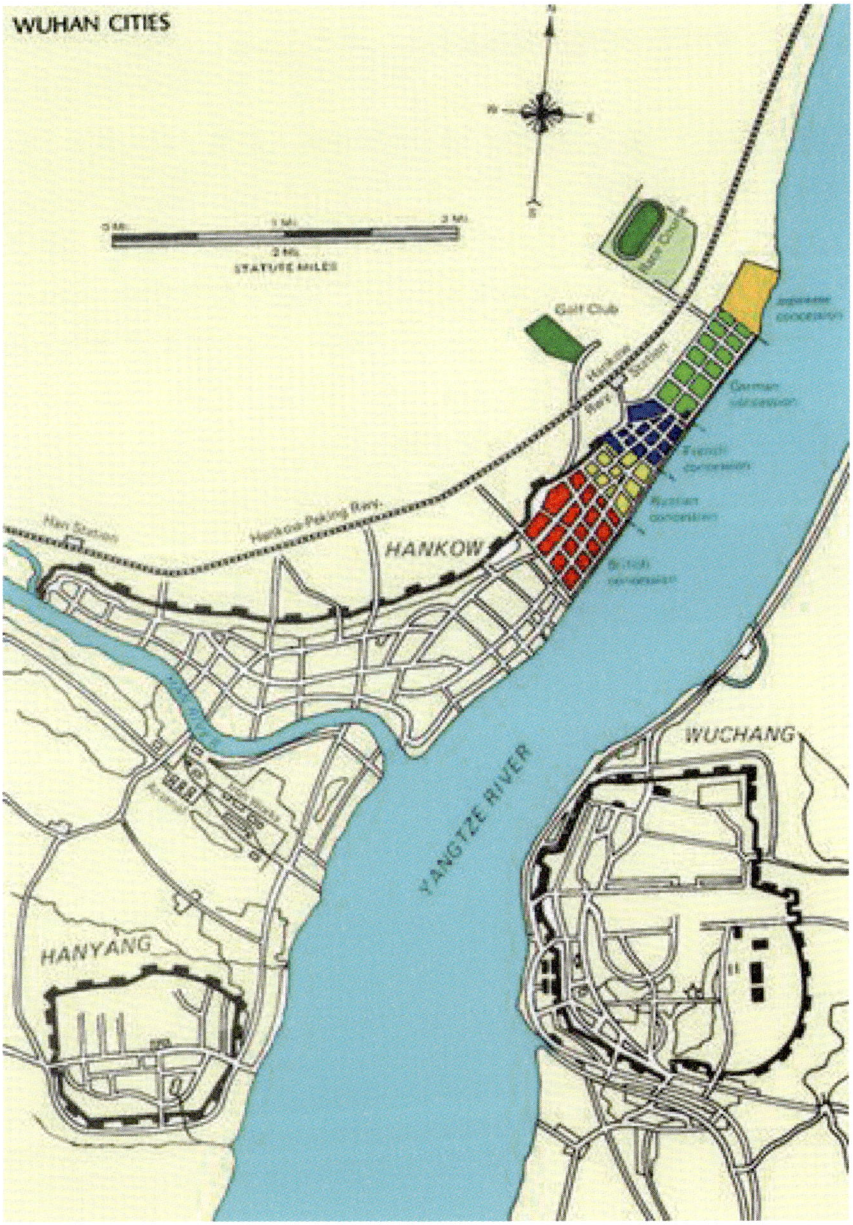

近代汉口五国租界示意图

（六）

1840 年鸦片战争爆发后，中国社会的半殖民地性质逐渐形成。中国被迫开埠通商，外国资本开始进入中国经济的各个领域，西方列强强化对中国政治的干涉，加剧了中国与列强的民族矛盾及中国人民与外国侵略者的直接冲突，加剧了中国的政治、经济、社会危机。

外国资本进入中国经济的各个领域，也带来了新的生产力、新的生产关系、新的文化和新的观念，促进了中国社会的经济基础及其上层建筑的瓦解，为民族工商业提供了强力刺激和竞争动力。

汉口五国租界的设立、开发建设和管理，也给中国人提供了近代城市的标本，对中国城市近代化提供了直接借鉴。

汉口开埠通商后，外商大量收购华中以及西南、西北地区的农副产品和工矿原料等，转运上海出口；外国工业品也通过上海转运至汉口，销往中西部地区。1861—1894 年江汉关年进出口额在白银 3000 万 ~ 4000 万两之间，1895—1914 年大幅度增加，1901 年突破 1 亿两，1906 年接近上海，1915 年突破 2 亿两，1923 年突破 3 亿两，1925 年突破 4 亿两，使武汉成为内地最大的国际化经济中心和近代化城市。

三、汉口“模范区”建成史略

历史上的汉口“模范区”，位于英租界与京汉铁路线之间，其范围是今中山大道与京汉大道之间、江汉路与大智路之间，与今大智街道范围重合。其地原为1864年修筑的汉镇堡垣外的湖泊滩地，属于汉阳县北乡（汉江北岸有两个乡——凤栖乡与丰乐乡）中的凤栖乡。1907—1909年汉镇堡垣拆除后，后城马路（今中山大道）逐步修筑成，凤栖乡靠近老汉口镇的地域逐步融入城区。

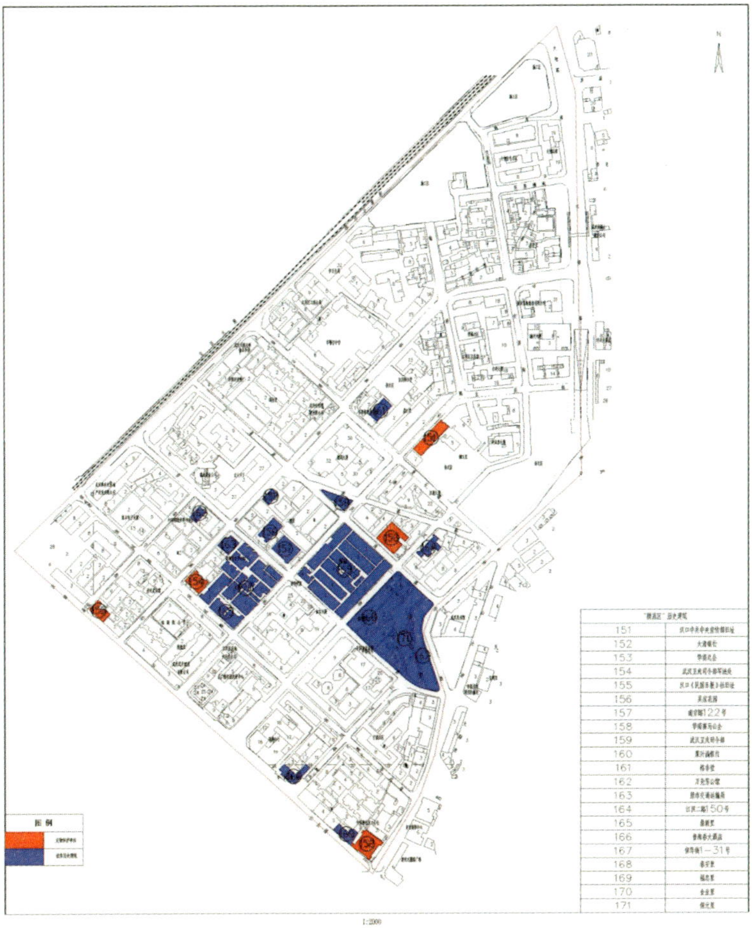

“模范区”示意图

在1911年10月爆发的辛亥革命及其随后的阳夏战争中，汉口成为主战场。南下镇压革命军的清军纵火焚烧了汉口华界百分之八十的街区，使汉口城区遭到毁灭性破坏，房屋、财产损失极大，经济一蹶不振。

1912年孙中山就任中华民国临时大总统之后，曾令实业部通告汉口商民建筑市场，重振商务，尽快恢复因战乱而受到破坏的工商业，同时要安定民生，“务使首义之区，变为模范之市”。

为了实现孙中山这一设想，汉口华商总会以刘歆生、周星堂等为首的实业界人士，首义新贵、将军团的李华堂、石星川、孙武、吴兆麟、蔡汉卿及军阀寇英杰、刘佐龙等，共同投资，开始以汉口租界的近代城市建设为范本来营建“模范区”。

1913年京汉铁路车务处编写的一本《京汉旅行指南》写道：汉口循礼门车站，距北京前门站二千四百二十里，站北为后湖，湖旧长五六里，阔半里，东近大智门，西近居仁门，为蓄水溉田处，今两端已渐淤涸，站西南为汉镇之中，去岁，地经兵燹，焚毁之处不少，刻正设建筑筹备处，规划一切事宜，并拟仿照巴黎、伦敦规模，另辟街道，概建楼房，不久即可兴工矣。

循礼门车站旧影

1923年，设立汉口地亩专局，并开始倡导建造汉口“模范区”，先后修建了多条纵横交错并设有下水道的均质高密度碎石土路，路宽10~12米，此外，修建了众多高品质的生活区——里份。“模范区”的建设持续到20世纪30年代。

汉口银行公会大楼（1925 年）

汉口华商总会大楼（1927 年）

这一片的土地，基本上都属于有“地皮大王”之称的刘歆生，先后修成的横平竖直的主要道路有东西向的歆生路（今江汉路中段）、保成路、伟雄路（今南京路西段）、汇通路、云樵路（今黄石路）以及南北向的丹凤街（今江汉一路部分路段）、华商街（今江汉二路部分路段）、吉庆街、铭新街。

这一片先后建成各有规划、各有统一房屋设计、各有统一建筑材料的二十多个较大新式里份，如德润里、德安总里、义成总里、福新里、福忠里、宁波里、保和里、保安里、保元里、慈德里、泰宁里、泰安里、榆荫里、退思里、义祥里、昌业里、金业里、鼎新里、鼎丰里、辅义里、东山里等。

这一片先后建成的较大建筑有大陆银行汉口分行大楼（今铭新街 8 号）、汉口华商总会大楼（今江汉二路 157 号）、汉口银行公会大楼（今汇通路 3 号）、汉口华商赛马公会大楼（今汇通路 20 号）、格非堂（今荣光堂，在黄石路 26 号）等。

20 世纪 30 年代中期，“模范区”已经展现出近代化城市的面貌。

四、近代重大事件发生地建筑

江汉关监督公署（汉口国民政府外交部旧址）

地址：原德租界奥古斯塔街，今一元路5号

结构：砖混

规模：地上3层、地下1层，建筑面积2200.77平方米

建筑时间：1905年

保护等级：湖北省文物保护单位

现房屋所有权人：武汉城投房产集团有限公司

陈友仁

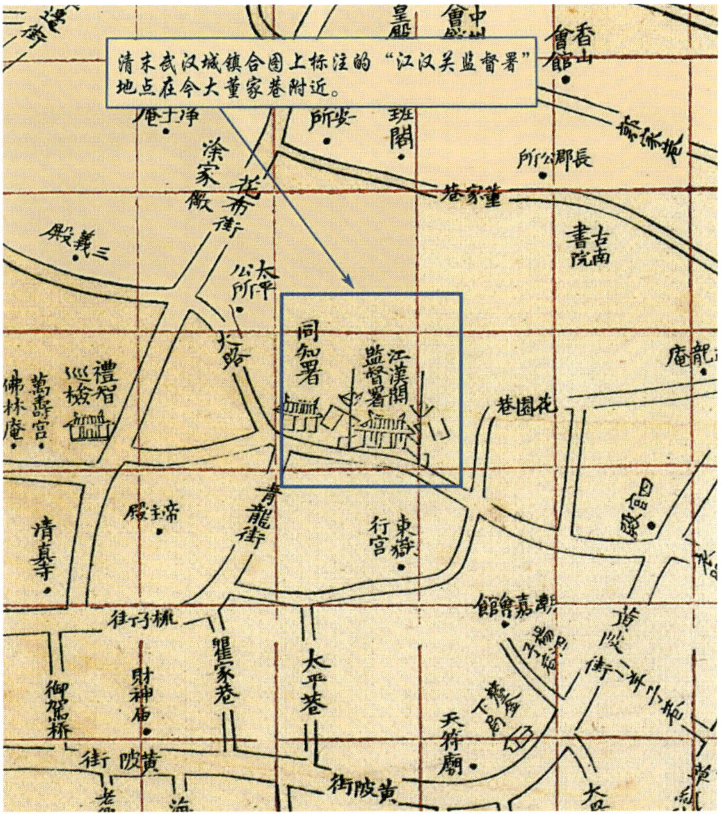

《清末武汉城镇合图》中标注的江汉关监督署位置，在今江汉区大兴路大董家巷附近

1861年底设立江汉关，税务司一职长期由外国人担任，清廷指派汉黄德道署兼江汉关监督，并督理华洋交涉事务，其官署由武昌移至汉口。首任江汉关监督为郑兰。

在汉口德、俄、法租界兴建时，汉镇堡垣尚未拆除，城内外尚有中方官地十余丈，后拆城填壕，此地域不属德、法租界，江汉关监督公署新大楼设于此。1911年10月11日湖北军政府成立，10月17日黎元洪改组军政府，成立外交部。翌年改名湖北省外交司，后又改为湖北特派交涉员公署。1914年该公署并入江汉关监督公署，交涉员由江汉关监督兼理。1927年1月1日，国民政府宣布武汉为“京兆区”，设外交部于江汉关监督公署大楼，外交部部长为陈友仁。

江汉关监督公署大楼坐南朝北，立面对称，居中为二柱宽柱式门廊，大门设门斗，门前二十级台阶，基础垫层较高，底层设半地下室。廊顶有镂雕，窗户方形和拱形兼有，属古典主义建筑风格。

辅义里 27 号（汉口中共中央宣传部旧址暨瞿秋白旧居陈列馆）

地址：今吉庆街 126 号
结构：砖木
规模：地上 2 层，占地面积 400.93 平方米，建筑面积 943.3 平方米
施工单位 / 人：广兴荣营造厂
建筑时间：1917 年
保护等级：全国重点文物保护单位
现房屋所有权人：武汉市江岸国资公司

1927 年 3 月，时任中共第四届中央执行委员、中央局成员、宣传部委员瞿秋白抵达武汉，在辅义里 27 号主持中宣部工作。在此期间，他推介了毛泽东的《湖南农民运动考察报

中共中央宣传部旧址标志牌

1935 年 6 月 18 日上午，瞿秋白在长汀中山公园凉亭前拍完最后一张照片后，被押至罗汉岭刑场。他盘腿而坐，英勇就义，时年 36 岁

告》，筹备了中共五大，与李维汉共同主持了八七会议。1927 年 5 月底革命形势发生逆转，瞿秋白随后根据中央要求，随中央机关一起离汉。1935 年 2 月 26 日红军长征后，瞿秋白留在闽、赣坚持斗争，后由组织护送赴上海。瞿秋白在福建长汀县水口镇牛庄岭被敌人逮捕，1935 年 6 月 18 日英勇就义。

辅义里为单元联排形制，有 2 层砖木结构楼房六十余栋，为“汉口巨富”刘子敬出资建造。2013 年 3 月，辅义里 27 号被列为全国重点文物保护单位。

怡和新房（八七会议会址）

地址：原三教街 41 号，今鄱阳街 139 号
结构：砖木
规模：地上 3 层（局部 4 层），建筑面积 3018 平方米
设计单位 / 人：景明洋行石格士（德国人）
施工单位 / 人：汉协盛营造厂
建筑时间：1918 年
保护等级：全国重点文物保护单位
现房屋所有权人：武汉城投房产集团有限公司

瞿秋白

该楼为怡和洋行大班杜百里委托德籍工程师石格士等设计，怡和洋行于1910年至1927年间修建街面楼房30栋及珞珈山路小洋楼27栋，为高档商业住宅群，时称“怡和新房”。1927年春夏，蒋介石、汪精卫先后背叛革命，在上海和武汉屠杀共产党人和革命群众，第一次国共合作破裂。在这危急时刻，中共中央政治局于8月7日在怡和新房召开紧急会议。瞿秋白主持，李维汉为执行主席，共产国际代表罗明纳兹出席。邓中夏、蔡和森、罗亦农、任弼时等人在会上发言，严厉批评党内右倾机会主义错误。会议通过由罗明纳兹起草、瞿秋白翻译的《中国共产党中央执行委员会告全党党员书》，总结了大革命失败的经验教训，撤销了陈独秀党的总书记职务，选举了临时中央局，确定了土地革命和武装反抗国民党反动派的总方针。毛泽东在会上当选为中央临时政治局候补委员，他指出以后要非常注意军事，须知政权是由枪杆子中取得的。邓小平作为党中央秘书筹备和参加了会议。

由于白色恐怖严重，会议仅开了一天。

1927年7月下旬被派到中国的共产国际代表罗明纳兹参加了八七会议

四民街 61—62 号（武汉中共中央机关旧址）

地址：原四民街 61—62 号，今胜利街 165—169 号
结构：砖木
规模：地上 3 层，建筑面积 1216 平方米
保护等级：全国重点文物保护单位
现房屋所有权人：伍泳州（菲律宾华侨）等 15 人共有，现由武汉市江岸国资公司代管
现房屋使用人：武汉中共中央机关旧址纪念馆

2007 年 5 月拍摄的武汉中共中央机关旧址

1926 年底，国民政府决定从广州迁都武汉，中共大批干部云集武汉，先期到汉的中共中央军委工作人员李强租下四民街 61—62 号，中共首任总书记陈独秀等中央机关人员于 1927 年 4 月上旬入住。一楼为警卫人员住处及传达室，二楼是会议室、会客室。陈独秀住三楼中间房。瞿秋白、蔡和森、彭述之、李富春、陈绍禹、毛泽东、沈雁冰等曾在此参加中央宣传委员会研究湖南农民问题会议，中共中央在此多次召开会议。张太雷、李立三、罗亦农、邓中夏和共产国际代表鲍罗廷、罗易等亦多次来此。当年，中共中央在武汉召开了党的五大。经历了蒋介石“四一二”反革命政变和汪精卫集团“七一五”反革命政变，党在革命紧要关头紧急召开了八七会议，实现了由大革命失败到土地革命兴起的历史性转变。1927 年 10 月初，中共中央机关撤出该楼，离汉返沪。

2013 年 10 月，江岸区政府腾退并选地安置 52 户楼内居民，对房屋进行整体维修，恢复其原貌。该楼坐东朝西，红瓦屋顶，临街立面为红砖清水墙，余为癞子灰外墙。该楼为欧式住宅。

汉口总商会暨中华全国文艺界抗敌协会旧址

原有名称：汉口总商会大楼

地址：原后城马路旁，今中山大道949号

结构：砖混

设计单位/人：汉协盛营造厂

施工单位/人：汉协盛营造厂

建筑时间：1919年

保护等级：全国重点文物保护单位

武汉市总商会暨中华全国文艺界抗敌协会旧址临中山大道的大门

中华全国文艺界抗敌协会成立时，成员在汉口总商会门前合影

光绪三十三年（1907）11月，汉口商界成立汉口商务总会，设商务学堂。光绪三十四年（1908）鄂督拨汉口后城马路张美之巷西北官地300方（约3300平方米），1919年建成会所，汉口商务总会改名为“汉口总商会”。武汉沦陷前，汉口总商会负责人撤至重庆，设汉口市商会驻渝办事处，抗战胜利后返汉复会。新中国成立后，1949年10月26日武汉市工商业联合筹备会接管汉口市商会等，1952年成立武汉市工商业联合会。

1938年3月27日，中华全国文艺界抗敌协会在汉口总商会大楼成立，选出郭沫若、茅盾、老舍、巴金等45名理事，周恩来、孙科、陈立夫为名誉理事，通过了《中华全国文艺界抗敌协会宣言》。文协成立后对抗战文艺进行大量宣传活动，鼓舞全国军民的抗战士气。抗战胜利后，更名为中华全国文艺界协会。

叶凤池公馆（汉口中华全国总工会旧址）

（一）

原有名称：叶凤池公馆
地址：原友益街 2 号，今友益街 16 号
结构：砖混
规模：地上 2 层，建筑面积 1638.01 平方米
设计、施工单位 / 人：意大利建筑公司
建筑时间：1920 年

（二）

原有名称：程汉卿公馆
地址：原友益街 2 号，今友益街 16 号
结构：砖混
规模：地上 3 层，建筑面积 1607.59 平方米
施工单位 / 人：意大利建筑公司
建筑时间：1924 年
保护等级：全国重点文物保护单位

1926 年 10 月 10 日，湖北省总工会设机关于程汉卿公馆；1926 年 9 月 17 日，中华全国总工会汉口办事处成立，1927 年 2 月设机关于叶凤池公馆。1927 年 3 月，中华全国总工会由广州迁汉，在叶凤池公馆办公。当时，中共中央成立中央工人部和工委，李立三为部长，由李立三、林育南、项英、刘少奇等 7 人组成工委。全总机关在大革命时期成为全国工人运动中心，大革命失败后迁至上海。

叶开泰药店创立于明崇祯年间，曾与北京同仁堂、杭州胡庆馀堂、广州陈李济并称四大药店。叶凤池为“叶开泰”第九代传人，1912 年接管家族事业。程汉卿为湖北督军王占元属下、军法处处长，北京政府时期成叶凤池女婿。1926 年北伐军攻取汉口，程往天津定居，公馆被武汉国民政府作为“逆产”没收。

民国日报社旧址

原有名称：《国民新报》报馆

地址：原歆生路忠信二里 4 号，今泰宁街 2 号

结构：砖混

规模：地上 3 层（加塔楼为 4 层），建筑面积 2737.19 平方米

建筑时间：1922 年

保护等级：武汉市文物保护单位

现房屋所有权人：武汉城投房产集团有限公司

民国日报社旧址占地面积约 650 平方米，在设计上采用三段式构图手法，基座、墙身划分十分明确。入口设在转角处，顶部有椭圆形穹窿塔楼，很精致。属古典主义建筑风格。

《国民新报》创刊于 1912 年 4 月 12 日，创办人为湖北督军王占元亲信李振（李华堂）等。该馆最初设在汉口法租界如寿里，后迁花楼街北巷，1922 年在歆生路泰宁街街口修建了《国民新报》报馆大楼。

1926 年 11 月 25 日《汉口民国日报》创刊，董必武任经理，宛希俨、高语罕、沈雁冰先后任主编。这是大革命时期中共中央宣传部直接领导的全国性日报。1927 年 7 月 15 日汪精卫实行“分共”后，报社被迫改组，董必武于 7 月 19 日辞去经理职务，由国民党中宣部派曾集熙接替，报纸遂成为反动派的宣传工具。

大石洋行（八路军武汉办事处旧址）

原有名称：大石洋行
地址：原日租界中街 89 号，今长春街 57 号
结构：砖混
规模：地上 4 层
建筑时间：1924 年
保护等级：全国重点文物保护单位

全面抗战时期，叶剑英（左一）、李克农（右二）在八路军武汉办事处前接受美国旧金山华侨洗衣工会捐赠的救护车

长江局负责人与新四军负责人在“八办”合影。左起：张云逸、叶剑英、王明、秦邦宪、周恩来、曾山、项英

全面抗战爆发后，1937 年 10 月董必武在汉口府西一路（今安仁里 1 号）筹备成立八路军武汉办事处，同年 12 月，“八办”迁汉口日租界中街 89 号（今长春街 57 号）。1937 年 12 月，中共中央长江局机关设在“八办”内。1937 年 12 月至 1938 年 10 月，周恩来、董必武、秦邦宪、叶剑英、邓颖超、王明等中共领导人在这里工作。“八办”曾为八路军、新四军筹备军需物资，输送爱国青年至延安和抗日前线，协助诺尔曼·白求恩、路易·艾黎、埃德加·斯诺等国际友人去往抗日根据地，还协助荷兰摄影师尤里斯·伊文思拍摄新闻纪录片《四万万人民》，将在汉美国主教鲁兹（吴德施）等人的捐款转交时任八路军副总司令彭德怀。

“八办”旧址最初为日商大石洋行大楼，大石洋行总店在日本大阪，1924 年来汉设行，经营洋货，全面抗战初期大楼作为敌产被中国政府没收。1944 年美国飞机轰炸日租界时，大楼上面两层被炸毁。1978 年按原貌重建，设纪念馆，1979 年 3 月开放。八路军武汉办事处旧址建筑平面呈正方形，坐西朝东，一楼为商行，二、三、四楼为高级公寓。

德林公寓（中共中央领导人汉口住地旧址）

地址：原英租界天津街，今天津路 22 号

结构：钢混

规模：4 层（3 层正楼、1 层气屋），建筑面积 6544.24 平方米

设计时间：1925 年前

设计单位 / 人：景明洋行

施工单位 / 人：汉协盛营造厂

建筑时间：1925 年

保护等级：全国重点文物保护单位

现房屋所有权人：武汉市蔬菜公司

20 世纪 80 年代的汉口德林公寓

1927 年“七一五”分共事变后，中国共产党组织转入地下斗争，中共中央领导人周恩来、瞿秋白、杨之华（瞿秋白之妻）、李维汉和邓小平等在汉口德林公寓南端第一栋二楼藏身。南昌起义、秋收起义和八七会议的各项筹备工作都在这里秘密进行，瞿秋白在此翻译了共产国际代表罗明纳兹起草的《中国共产党中央执行委员会告全党党员书》。1927 年 7 月 25 日，周恩来从这里出发，在陈赓陪同下乘船经九江至南昌，领导八一南昌起义。1927 年 9 月中共中央迁上海，瞿秋白等人则先赴各地，继续从事革命活动。

汉口德林公寓 1925 年由英商安利英洋行买办王霭臣的父亲、华侨王光投资兴建，为单元连体建筑，底层为商铺，上层为公寓，共五个单元，为当时英租界最豪华、气派的西式公寓。

日本总领事馆警察署（汉口新四军军部旧址纪念馆）

地址：原大和街 34—44 号，今胜利街 332—352 号
结构：砖木
规模：地上 2 层，建筑面积 796 平方米
施工单位 / 人：广邦营造厂
保护等级：全国重点文物保护单位

1937 年“七七”事变后，全面抗战爆发。中国共产党与国民党达成协议，于当年 8 月将红军主力改编为国民革命军第八路军，10 月将在江西、湖北等八省的红军和游击队整编为国民革命军陆军新编第四军。新四军下辖四个支队、一个特务营，共一万余人。军长叶挺，副军长项英，参谋长张云逸，副参谋长周子昆，政治部主任袁国平，政治部副主任邓子恢。12 月 25 日，新四军军部在汉口大和街 26 号成立。1938 年 1 月 4 日，为开展敌后抗日游击战，项英率军部大部分人员离汉去南昌，1 月下旬叶挺亦离汉赴南昌。新四军驻汉事宜委托八路

1938 年 1 月 4 日，项英率部分工作人员乘船离汉赴南昌。行前，新四军军长叶挺（中）、副军长项英（右二）、参谋长张云逸（右四）、曾山（右一）、傅秋涛（右五）在汉口合影

军武汉办事处代办。当年在汉口新四军军部工作和居住的新四军将领有叶挺、项英、张云逸、周子昆、曾山等，从日本回国参加抗战的郭沫若也曾在此居住并工作。该建筑 1898 年为日本驻汉口总领事馆警察署巡捕房。“七七”事变后，日本侨民回国，大楼作为敌产没收。1938 年 10 月武汉沦陷后大楼成为市民住宅。2006 年武汉市人民政府拨专款按原貌修复，设立纪念馆。

五、近代市政建筑

江汉关大楼

地址：今沿江大道 86 号

结构：钢混

规模：地上 4 层（加钟楼为 8 层，总高度 46.3 米）；占地面积 1499 平方米，建筑面积 4009 平方米

设计单位 / 人：英资思九生洋行

施工单位 / 人：魏清记营造厂

建筑时间：1922—1924 年

保护等级：全国重点文物保护单位

现房屋所有权人：武汉城投房产集团有限公司

1861 年 3 月 21 日汉口开埠，1861 年 12 月 2 日设汉口海关——江汉关。关址初设花楼街外江滨（汉口江街），1866 年购美商旗昌洋行房屋作为办公用房和缉私仓库，1908 年 1 月屋朽，迁英租界工部局楼房（江汉关现址）。1921 年因筹建新楼，临时迁汇丰银行大楼，1924 年新大楼落成后回迁。1938 年 10 月武汉沦陷，江汉关大楼被日军第二船舶运输司令部汉口支部占据，日方后来在此成立转口税局，江汉关再度迁汇丰银行大楼。1949 年 5 月 26 日，武汉市军管会接管江汉关，1950 年江汉关改称“中华人民共和国汉口关”，10 月 15 日改名“武汉关”。1956 年 5 月 1 日撤销武汉关，大楼移交湖北省外贸局使用。1980 年 4 月 1 日恢复武汉关。2012 年，武汉关迁址汉口东西湖金银湖南路，江汉关大楼辟为江汉关博物馆。

江汉关大楼为钢筋混凝土筏式基础，为欧洲文艺复兴建筑风格，三段式构图，四周立柱、外墙、廊柱均采用大件花岗岩构造，立柱为变形科林斯柱。楼顶设英式钟楼，四立面装直径约 4 米的时钟，按时钟响，声传三镇。大楼正面匾额上书“江汉关”三字，由时任湖北省教育厅厅长宗彝题。该楼为老汉口地标性建筑。

江汉关新大楼建成之前的 1908 年，江汉关从汉口花楼街外江滨迁至英租界工部局办公

1931 年遭水淹的江汉关大楼

1954 年武汉防汛时的江汉关堤段

大智门火车站

原有名称： 京汉火车站、汉口火车站
地址： 京汉大道 1232 号
结构： 砖混
规模： 建筑面积 1176 平方米
设计单位 / 人： 法籍工程师萨杜、普多曼
施工单位 / 人： 广邦营造厂
建筑时间： 1903 年始建，1917 年重建
保护等级： 全国重点文物保护单位

大智门火车站原为芦汉铁路（后称京汉铁路）南端终点站，位于汉口车站路西端。第一座站房为木结构西式平房，建于 1906 年京汉铁路全线通车之前。第二座站房建于 1917 年

1906 年京汉铁路全线通车时的大智门火车站。站牌上标有法文“HAN KOW VILLE”，意即“汉口镇（市）”，下行标有中文“汉口大智门”

大智门火车站第二代站房，屋檐上刻有中文“中国铁路总公司”和法文，法文意为“京汉铁路大智门车站”

前，为斜坡瓦顶无塔楼两层站房，该站房在阳夏战争中被战火部分损毁。第三座站房为法国四堡式建筑，于 1917 年在旧站房基础上重建，一直使用至 1991 年。全面抗战时期，大智门火车站前风云变幻：1937 年 9 月 17 日下午，中国军队第九军军长郝梦龄从这里北上抗日，血战成仁；1938 年春，八路军副总指挥彭德怀莅临武汉；台儿庄会战保卫滕县战役中，四十一军一二二师师长王铭章以身殉国，其灵柩由徐州运抵武汉。1991 年 10 月 1 日，汉口火车站（原设在大智门火车站站房内）北迁至汉口金家墩新址，大智门火车站站房予以保留。随着铁路北迁，汉口城区内的京广线路轨被拆除，建成京汉大道。

大智门火车站建筑平面呈横“亚”字形，正中为一层，中间高 10 米，两侧为两层；立面造型为中部和两端突出，中部四角各筑高 20 米塔堡，堡顶为铁铸，呈流线方锥形。墙面、窗、檐等部位以线条或几何图形装饰。属法式建筑风格。

20世纪80年代的汉口火车站（大智门火车站）

初建成的大智门火车站

汉口电报局旧址

地址：原英租界湖北街与天津街交会处，今中山大道 1004 号
结构：钢混
规模：地上 5 层，建筑面积 4264.64 平方米
设计单位 / 人：上海通和洋行
施工单位 / 人：汉协盛营造厂
建筑时间：1920 年
保护等级：武汉市文物保护单位
现房屋所有权人：武汉电信局
现房屋使用人：武汉电信局江岸分局

《汉口租界志》记载：汉口电报局，1920 年在英租界湖北街（今中山大道）与天津街（今天津路）转角处，紧挨武汉电话局建成四层钢筋混凝土结构大楼。在 1926 年至 1951 年多张汉口地图中，该处皆标为“汉口电报局”。

1884 年，上海至汉口电报线路竣工，汉口电报局始设老熊家巷河边招商局内，1913 年

1920 年，新建成的带穹顶汉口电报局大楼

1947 年，武汉电信局与汉口电报局大楼连通，成为整体

迁英租界凤池里，1920 年再迁天津街汉口电报局大楼。1929 年改属湖北电政管理局。1934 年始兼营长途电话业务。同年，全国通商大埠邮、电合并，汉口无线总台并入该局。1938 年 10 月该局西迁，抗战胜利后，1946 年成立武汉电信局，此后汉口电报局与武汉电信局大楼连通，成为整体。汉口电报局大楼外墙为灰砂砖砌筑，转角、窗、檐口等处用本色砖砌出精美花饰或线条。主入口设大楼转角处，底层收进，由主柱支撑上部挑出部分，底层建半地下室。属现代风格建筑。

汉口电话局旧址

原有名称：交通部武汉电话局

地址：原界限街、湖北街交会处，今合作路 51 号

结构：砖混

规模：地上 4 层，建筑面积 3290.2 平方米

设计单位 / 人：上海通和洋行

施工单位 / 人：魏清记营造厂

建筑时间：1916 年左右

保护等级：湖北省文物保护单位

现房屋所有权人 / 使用人：武汉电信局江岸分局

1949 年中国人民解放军开进汉口前，武汉电信局工人纠察队守护大楼安全

民国时期交通部武汉电话局证章

1901 年，德商西门子洋行在汉口租界内经营电话业务，此为汉口电信业开端。1902 年湖广总督张之洞在张美之巷筹办汉口电话局，辛亥革命后汉口电话局改由官督商办。1914 年交通部出资将商办电话业务收归国有，1915 年又出资将租界电话业务收归国有，由直辖交通部武汉电话局管理，局址设汉口大智门。1916 年在合作路路口兴建四层电话局大楼，1917 年 5 月 12 日武汉电话局迁入。1938 年 3 月，武汉电话局划归湖北电政管理局。1945 年 9 月，交通部接收该局，成立电信接收委员会，接管市内电话业务。1946 年 5 月，核定武汉电信局为特等电信局，直属交通部电信总局。1949 年 7 月武汉电信局由武汉市军管会接管，1950 年 9 月改名中华人民共和国邮电部武汉电信局，1955 年 1 月改属湖北邮电管理局。1980 年 2 月，武汉市电信局迁至武昌洪山路 1 号。

汉口电话局旧址外墙为汉阳铁厂产青灰色铁砂砖，墙面有凸凹效果，檐口线脚有砖砌装饰。入口四根立柱，分两组列于大门两侧，三楼窗户外设小阳台。

汉口英商电灯公司旧址

地址：原界限街与开泰街交会处，今合作路22号

结构：砖混

规模：地上3层（加塔楼为4层），建筑面积2980平方米

设计单位/人：景明洋行

施工单位/人：汉兴昌营造厂

建筑时间：1905年

保护等级：全国重点文物保护单位

现房屋所有权人/使用人：湖北电力公司

民国时期的汉口英商电灯公司

湖北省电力博物馆讲解员在介绍一盏汉口英商电灯公司路灯的复制品

1906 年，英国皮货商卜劳德集资 3 万英镑在界限路 8 号（今合作路 22 号）成立汉口电灯公司，兴建厂房、办公楼，为英、俄、法国租界供电，并在租界安设路灯，为汉口路灯之首次出现。1924 年汉口英商电灯公司发电总容量达 2825 千瓦，为当时全国最大直流发电厂。1941 年太平洋战争爆发，被日本华中水电株式会社接管，1945 年抗战胜利后由汉镇既济水电公司接管。1950 年 8 月、1953 年 12 月，合作路电厂（前身为汉口电灯公司）为新中国成立初期武汉地区“直流改交流”电网改造打下基础。1955 年合作路电厂停止发电，1956 年改为武汉冶电业局修试工厂。2014 年汉口电灯公司原大楼、厂区经过整修，辟为湖北省电力博物馆。

汉口英商电灯公司旧址大楼为三层砖混结构，红瓦屋面，转角处设圆形盝顶钟楼。底层假麻石粉面，小尺寸开窗。三层设挑出封闭式阳台。属文艺复兴建筑风格。

汉口华商总会旧址

地址： 原华商街，今江汉二路 157 号

结构： 钢混

规模： 地上 4 层，建筑面积 3792 平方米

设计单位 / 人： 景明洋行

施工单位 / 人： 汉协盛营造厂

建筑时间： 1922—1923 年

保护等级： 武汉市文物保护单位

现房屋所有权人： 武汉城投房产集团有限公司

汉口华商总会旧址大楼为钢筋混凝土结构，占地 650 平方米，原为三层，后加建一层。建筑立面秉承西方古典的三段式构图：正面，下面是花岗石台基，带半地下室；中间 4 根多立克柱撑起古典山花，形成门斗式入口；再上，又是立柱样式，形成呼应。总体上看，是对古希腊神庙风格的轻盈呈现，属古典主义建筑风格。

1907 年，洋行买办王柏年、欧阳会昌、刘歆生等人羡慕各租界“波罗馆”娱乐形式，遂组织华籍买办俱乐部，即“华商总会”。先是在英租界内租用房屋为会所，不久迁至五福里（今四明里内）。华商总会成立之初，由欧阳会昌和王柏年负责主持，口头上约定会员限于各洋行买办。1921 年周星堂任汉口总商会会长时，吸引了当时工商界的上层人物到此参加娱乐消遣。由于参加者中非买办的工商界人士日多，原来会员限于各洋行买办的规定在无形中消失。1922 年，筹建华商总会大楼于此，给华商提供交换商业情报、联络感情的常设场所。内有大会场，可以演剧、开会，餐厅、大小会议室、阅览室、理发室、更衣室、浴室、卧室、储藏室、卫生间及员工宿舍等，一应俱全，相关设备都是当时最新式、第一流的。1926 年 9 月北伐军占领汉口，北伐军前敌总指挥部设于此。1927 年 1 月，国民革命军第九军第一师（师长贺龙）师部也一度设于此。当年 5 月，中央工人运动委员会迁汉，最初设在友益街 2 号，后搬至华商总会大楼办公，刘少奇任工委书记。20 世纪 30 年代，此地又成为军事委员会委员长驻鄂特派绥靖主任公署和军事委员会委员长武汉行营所在地。1938 年武汉沦陷，大楼被日军占领。抗战胜利后大楼一度被拨给市参议会使用，后成为国民政府军事委员会委员长武汉行营、国民政府主席武汉行辕、武汉绥靖主任公署等。1948 年 6 月为“华中剿匪总司令部”。由于华商总会大楼长期为军事机关占用，华商总会的活动场所迁到育云里、汉润里和汉口商业银行大楼等地。

汉口银行公会旧址

地址：今汇通路 3 号

结构：砖木

规模：地上 3 层，建筑面积约 2300 平方米

建成时间：1923 年 10 月

保护等级：武汉市优秀历史建筑

Bankers Association Building

1931 年遭遇水淹的汉口银行公会大楼

1917 年 4 月，中国、交通、浙江兴业、华丰、聚兴诚和中孚等银行发起金融研究会，不久盐业银行加入，金融研究会改组为银行公会，但未制定正式章程。1919 年又加入金城银行与四明银行。1920 年 5 月 29 日，上述九行发起汉口银行公会，11 月 1 日正式成立，会址为中国银行大楼二楼。汉口银行公会是以“互相砥砺矫正营业上之弊害，互相协助促进同业之发达”为宗旨的民营组织，其主要作用是维护汉口银行公会会员银行利益。公会成立后，设立建筑银行公会大厦基金，1921 年 8 月，在歆生路购地建筑公会大厦。1923 年 10 月，汉口银行公会办公楼告竣，11 月正式入驻。新办公地占地约 83 方（约 922 平方米），“凡屋三层，一为银行交易处，为银行学术研究会，为庶务室；二为会议室，为会客厅，为会餐室，为游艺室；三为办公室，为书记室，为图书室，为银行杂志社”。1923—1927 年，汉口银行公会创办《银行杂志》半月刊，介绍金融行情，进行有关经济、金融信息及金融理论的探讨。同时，还创办学术研究会，后来改为银行夜校，开启近代汉口银行业的人才培训模式，促进汉口银行业职员素质的提高。到 1926 年底，汉口银行公会会员银行有 17 家。1932—1935 年，汉口银行公会大楼为“鄂豫皖三省剿匪总司令部”使用。武汉沦陷后，日伪政权组织伪汉口银行公会。抗战胜利后，汉口银行公会恢复。1948 年 2 月 29 日在德明饭店召开第二次会员大会时，有会员银行 57 家。新中国成立后，政府接收官僚资本银行，对私营银行进行社会主义改造，汉口银行公会不复存在。

汉口华商赛马公会旧址

地址：今汇通路 20 号

结构：砖混

规模：地上 3 层，建筑面积 2011.82 平方米

设计单位 / 人：景明洋行

施工单位 / 人：汉合顺营造厂

建筑时间：1922—1924 年间

保护等级：武汉市优秀历史建筑

现房屋所有权人：武汉城投房产集团有限公司

汉口华商跑马场，旧址在今汉口航空路华中科技大学同济医学院内

汉口华商赛马公会大楼属古典主义向现代派过渡建筑。整体采用横三段构图方法，左右对称严谨，主入口位于中央，用突出的门斗强化。檐口及挑出梁保持传统建筑做法，但是其余部分大大简化，仅用本色灰砂砖砌筑出装饰用竖线条，显得朴实大方。

1907 年，汉口洋行买办、华商等意欲创办一个跑马场，以与西商跑马场竞争；1908 年，由刘歆生、周星堂等人筹资创办的华商跑马场在汉口万松园与王家墩之间兴建，为国内华人兴办跑马场之首。约 1923 年，汉口华商总会大楼在华商街奠基后，华商赛马公会大楼遂在其西边兴建。20 世纪 50 年代，华商赛马公会大楼长期为武汉市公用局办公之所，21 世纪初为武汉文史馆办公场所。

六、近代金融建筑

汉口汇丰银行大楼

地址： 原英租界河街，今沿江大道 143 号
结构： 钢混
规模： 占地面积 4322 平方米，建筑面积 11656 平方米
设计时间： 1913 年前
设计单位 / 人： 汇丰银行上海总行英籍工程师派纳
施工单位 / 人： 汉协盛营造厂
建筑时间： 1913—1917 年建 4 层副楼；1914—1920 年建 3 层主楼
保护等级： 全国重点文物保护单位（汉口近代建筑群）
现房屋所有权人 / 使用人： 中国光大银行汉口分行

英商汇丰银行总行 1864 年设于香港，次年设分行于上海。1868 年设汉口分行。汉口汇丰银行大楼初建为二层楼房，1913 年拆除重建，1920 年竣工。沪行每日将外汇价格传给汉行，为汉口各银行汇兑行情晴雨表，因此汉行为汉口最早发行纸币的外资银行。全面抗战初期，

1868 年在汉口长江边兴建的汉口汇丰银行老楼

1926 年北伐军攻打汉口前夕，美、英等国军队在汉口英租界河街（今沿江大道）展示武力。右一、右二分别为汇丰银行大楼、花旗银行大楼

此大楼为孙科、白崇禧办公室，太平洋战争爆发后，被日军特务部占用。抗战胜利后，汉口汇丰银行复业，但业务冷清，将此大楼出租以补贴开支。1955 年 5 月，汉口汇丰银行结束在汉活动。武汉市商委在大楼内办公至 20 世纪 90 年代。

该大楼外墙用麻石砌筑到顶，正面十根大柱为麻石拼接，内廊镶嵌大理石墙裙。基座、房身、屋檐为三段式构图，横面划分为五段，正中一段凸出，为主入口，立面具明确垂直中轴线，由此确定主从关系。立面廊柱为爱奥尼克柱式。属西方古典风格建筑。

图为英国杂志上刊登的照片，名为“英国扬子江舰队汉口专用码头”。背景中建筑分别为汉口汇丰银行大楼（右，时为英国扬子江舰队驻地）、花旗银行大楼（左）

汉口汇丰银行大楼在老汉口江滩堪称豪华

汉口花旗银行大楼旧址

地址：原英租界河街，今青岛路 1 号

结构：钢混

规模：地上 5 层、地下 1 层，楼高 29.5 米，建筑面积 6153 平方米

设计单位 / 人：景明洋行美国建筑师亨利 · 墨菲

施工单位 / 人：魏清记营造厂

建筑时间：1919—1921 年

保护等级：全国重点文物保护单位（汉口近代建筑群）

现房屋所有权人 / 使用人：中国工商银行武汉分行

1812 年 6 月在美国成立的纽约城市银行，1902 年在上海筹设分行，名为花旗银行，1910 年设汉口分行（在今汉口鄱阳街景明大楼旧址附近），聘英国人诺思为经理，刘子敬胞弟刘端溪任买办。第一次世界大战爆发后，花旗银行借美国“中立”之利扩张业务，获利颇丰，战后在汉口外滩建新大楼。1938 年武汉沦陷后汉口花旗银行歇业，手续转上海分行办理，1940 年底宣告结束运营，抗战胜利后未在汉口复业。美孚石油公司汉口分公司营业部曾设于汉口花旗银行大楼。2012 年，大楼由工商银行武汉支行出资修缮后使用。大楼呈三段式构图，第一段中间设 4 立柱门斗，内设 3 个半圆形入口。第二段共 3 层，中间设 8 根廊柱，第三段檐口上设一层楼，顶部为平台。属古典主义建筑风格。

汉口横滨正金银行大楼

地址：原英租界阜昌街街口，今南京路 2 号

结构：钢混

规模：4 层，建筑面积 5632 平方米

设计时间：1920 年

设计单位 / 人：景明洋行设计师海明斯

施工单位 / 人：汉协盛营造厂

建筑时间：1921 年（在原址拆旧建新）

保护等级：全国重点文物保护单位（汉口近代建筑群）

现房屋所有权人 / 使用人：中信银行武汉分行

建于 1921 年前的汉口横滨正金银行老楼

1921 年建造的横滨正金银行新楼（左一）

1880 年，日商中村道太等人在日本横滨成立股份制银行，1906 年设横滨正金银行汉口分行，在英租界河街、阜昌街交会处（今沿江大道、南京路交会处）兴建大楼。初为砖木房屋，后改建为屋顶设气屋的两层（加气屋为三层）砖木结构楼房，1921 年在原址兴建四层钢筋混凝土结构大楼。1945 年抗战胜利后，该行被中国政府接收。1949 年新中国成立后，大楼由湖北省纺织品公司、省国际信托公司先后使用。2012 年由中信银行收购自用。该楼外墙均为麻石，主入口设转角处，两侧为柱廊，使用巨型双柱改善临街景观。建筑外观属古典复兴风格，内部增添日本风格装饰。

东方汇理银行汉口分行旧址

地址：原法租界法兰西大街，今沿江大道171号
结构：砖木
规模：地上2层、地下1层，建筑面积913平方米
建筑时间：1901年始建，1902年建成
保护等级：武汉市文物保护单位
现房屋所有权人：武汉市江岸国资公司

法国东方汇理银行总行设在巴黎，由法国社会实业银行、巴黎商业银行、巴黎荷兰银行等于1875年创立。1902年东方汇理银行在汉口设分行，同年在汉口法租界外滩兴建大楼。汉口分行首任大班为比格，华人买办为王蓉卿、刘歆生。刘歆生收购汉口后城外荒地，曾得该行支持。1913年，该行与中国政府合资开办中法实业银行。1949年8月，汉口分行停业，尔后武汉越剧团等入驻汉口分行大楼。2010年7月，湖北省农业银行租赁该楼，耗资1500万进行整修。该楼为三段式构图，条石砌筑厚重底座；中部红砖清水墙，设腰线，半圆形拱券门窗与半圆形砖雕壁柱配合，立面由砖雕壁柱竖向划分，上部有水平檐口。属法国洛可可风格建筑。

汉口华俄道胜银行旧址

地址：原俄租界尼古拉大街，今沿江大道 161 号
结构：砖混
规模：地上 4 层，建筑面积 1220 平方米
设计单位 / 人：德国建筑师马尔克斯
建筑时间：1898 年
保护等级：全国重点文物保护单位（汉口近代建筑群）
现房屋所有权人：武汉城投房产集团有限公司

SUN-YAT-SEN'S WIDOW

The young widow of China's Republican founder always travels with an armed bodyguard. She is here seen getting into her luxurious limousine at the entrance to her home in Hankow. It has been

宋庆龄在汉口居所门口

民国时期的汉口华俄道胜银行大楼（左二）

华俄道胜银行 1896 年由中俄政府合资成立，总行设圣彼得堡。1910 年与俄国北方银行合并，改为此名。1898 年在汉口设分行，后在俄租界内（今沿江大道 161 号）建行舍，1926 年分行停业。广州国民政府迁都武汉，1927 年 1 月设中央银行于此。1929 年 4 月，此处成中央银行汉口分行行址。1950 年后，该楼为胜利文工团驻地。1998 年移交南方集团公司，后为武汉蓝光电力公司租用。2010 年由武汉城投房产集团有限公司修缮复原，辟为宋庆龄纪念馆。1926 年 12 月 10 日，宋庆龄莅汉，入住该楼。1927 年元旦，广州国民政府迁都武汉时，宋促成国民党二届三中全会在汉举行。她坚持孙中山“联俄、联共、扶助农工”三大政策，在“四一二”反革命政变发生后发表讨蒋通电。汪精卫集团发动“七一五”分共，她愤然于 7 月 17 日离汉赴莫斯科。

该建筑为四层方形塔楼，窗户向上逐层缩小。临长江一侧以三段构图划分内廊，回廊有雕花铁栏、铁制吊灯。为典型俄罗斯风格建筑。

汉口商业银行大楼

地址：原特三区阜昌街，今南京路 86 号

结构：钢混

规模：地上 5 层，地下 1 层，建筑面积 4161.97 平方米

设计时间：1930 年

设计单位 / 人：上海建筑师陈念慈

施工单位 / 人：汉兴昌营造厂

建筑时间：1931—1932 年

保护等级：湖北省文物保护单位

现房屋所有权人：武汉市文化局

武汉沦陷后的 1939 年 4 月 20 日，汉口商业银行大楼被汪伪政府占据，在这里成立了伪武汉特别市政府

1923 年，汉口德商美最时洋行买办王柏年与他人集资，组建汉口商业储蓄银行，但汉口商业储蓄银行旋即停业。1926 年 8 月 25 日，华商章伯雷、吴振宗、汪翔唐等集资开办汉口商业银行，1927 年停业。1934 年，由汉口特业（鸦片烟土业）公会会长赵典之发起，再度开设汉口商业银行，行址迁至现址。1938 年武汉沦陷，日军在此成立伪治安维持会，1939 年 4 月 20 日转为伪武汉特别市政府。抗战胜利后，赵典之由重庆返汉，汉口商业银行在原址复业，1949 年 4 月 22 日停业。1957 年至 2000 年，该建筑为武汉市图书馆。2004 年，成为武汉市少年儿童图书馆。

该大楼自下而上三段构图：第一段中部 3 间、6 廊柱，两边单柱，中间两双柱，柱高至第三层顶部，设钢外窗，15 步台阶上二层，门廊内 3 扇入口门；第二段仅一层，与第一段相似；第三段檐口中部建歇山顶飞檐筒瓦亭，抗战期间亭被炸毁。建筑为中西结合风格。

汉口盐业银行大楼

地址：原英租界湖北街旁，今中山大道 988 号
结构：钢混
规模：地上 5 层，建筑面积 6699.43 平方米
设计单位 / 人：景明洋行
施工单位 / 人：汉合顺营造厂、汉协盛营造厂
建筑时间：1926—1927 年
保护等级：湖北省文物保护单位
现房屋所有权人 / 使用人：中国工商银行汉口分行

1915 年 3 月，袁世凯长兄袁世昌内弟张镇芳创办盐业银行，总管理处设北京。盐业银行在民国时期与金城、中南、大陆银行合称“北四行”。1916 年 11 月，盐业银行在汉口设分行。1938 年 11 月 3 日，汉口盐业银行大楼被日军“华中派遣军司令部指挥所”占据，1945 年抗战胜利后盐业银行汉口分行在原址复业。1952 年 12 月 5 日，汉口分行与汉口其他民营银行一起参加公私合营，成为国家金融机构组成部分。

该楼外墙麻石到顶，两侧及中部后缩，由中间踏步引至二层。二、三层建六根廊柱，双柱间内廊设入口门，四层上檐较宽。为新古典主义建筑。

汉口盐业银行大楼门厅内景

中国实业银行汉口分行旧址

地址：原特三区江汉路，今江汉路 22 号
结构：钢混
规模：8 层，建筑面积 4207 平方米
设计时间：1934 年前
设计单位 / 人：卢镛标建筑事务所
施工单位 / 人：李丽记营造厂
建筑时间：1934 年
保护等级：湖北省文物保护单位
现房屋所有权人：武汉城投房产集团有限公司

民国时期的中国实业银行汉口分行（图中最高建筑）

20 世纪 90 年代，中国实业银行汉口分行大楼为湖北省中药贸易中心

1912 年中华民国成立后，北洋政府财政部在创办实业、振兴中华情势推动下，由熊希龄、张謇于 1915 年筹办民国实业银行，后因袁世凯筹备帝制，取消“民国”二字，更名为中国实业银行，1919 年 8 月在天津正式开业，1922 年 3 月在汉口设分行，1934 年建楼（在今江汉路 22 号），一、二层自用，三层及以上对外出租。1938 年武汉沦陷后，被日军占用，1945 年抗战胜利后银行复业。1950 年，该行参与公私合营，成为国家金融机构组成部分。

该大楼曾作为湖北省中药贸易中心，现为中信银行大楼。大楼墙裙用黑色大理石贴砌，外墙用红色涂料粉饰。该楼初建时为武汉最高建筑，创汉口建筑之新风，是武汉现代建筑的里程碑。

上海商业储蓄银行汉口分行旧址

地址：原英租界歆生路，今江汉路 60 号

结构：钢混

规模：4 层，总建筑面积 3120.01 平方米

设计单位 / 人：三义洋行

施工单位 / 人：上海三合兴营造厂

建筑时间：1923 年

保护等级：湖北省文物保护单位

现房屋所有权人 / 使用人：中国工商银行汉口分行

1931 年武汉遭遇洪水，上海商业储蓄银行汉口分行前舟楫成群

1915 年，上海商业储蓄银行在上海宁波路 9 号开业，1919 年 3 月在汉口设分理处，次年改组为汉口分行。上海商业储蓄银行与浙江兴业银行、浙江实业银行一起被称为中国金融史上著名的“南三行”，抗战时期，蒋介石曾请上海商业储蓄银行总行总经理陈光甫代表国民政府赴美借钱。1938 年武汉沦陷后汉口分行迁重庆，大楼被日军军用电台占用。新中国成立后陈光甫定居香港，1950 年把上海银行香港分行更名为上海商业银行，1954 年在台北设上海商业储蓄银行。大陆的上海商业储蓄银行于 1952 年 7 月参加金融业全行业公私合营，成为国家金融机构组成部分。汉口分行大楼为三段式构图，外墙麻石到顶，底部墙体厚实，大理石踏步，开三个半圆拱门作入口；中部柱廊虚实相映，二层阳台门由双枝小柱支撑三角形山花造型；上部檐口厚重。具古典主义建筑风格。

四明银行汉口分行旧址

地址：原特三区江汉路，今江汉路 45 号

结构：钢混

规模：5 层（中间 7 层），占地面积 1182 平方米，建筑面积 4616.38 平方米

设计时间：1934 年

设计单位 / 人：卢镛标建筑事务所

施工单位 / 人：汉协盛营造厂

建筑时间：1934—1936 年

保护等级：武汉市文物保护单位

现房屋所有权人：武汉城投房产集团有限公司、中国人民保险公司湖北省分公司

四明银行汉口分行旧址

20 世纪 60 年代从江汉路看四明银行汉口分行大楼（图中最高建筑）

四明银行成立于 1908 年，由宁波商人周晋镳、陈薰、虞洽卿等在上海公共租界宁波路、江西路交会处创办，1919 年设汉口分行。1936 年在江汉路购买基督教伦敦会地块兴建 7 层大楼。1935 年，沪、京、津现白银挤兑风潮，致“小三行”（中国实业银行、四明银行、中国通商银行）陷入困境。此后四明银行改为“官商合办”，成“小四行”（四明银行、中国通商银行、中国实业银行、中国国货银行）之一。1952 年 10 月，中国实业、四明等 11 家商业银行的汉口分行合并成立公私合营银行武汉联合营业部。1958 年 4 月，该营业部与中国人民银行武汉分行合并，1959 年 10 月结束账务。

四明银行汉口分行大楼主入口平面呈梯形，中央为营业大厅，大厅前后置办公室、楼梯间等。临街立面底层用麻石砌筑，以上为水刷石粉面，竖直线条通顶，将中国古典建筑元素与西方建筑形制相结合，是华人设计师在武汉设计的第一栋钢筋混凝土结构建筑。

七、近代公司建筑

汉口景明大楼旧址

地址：原英租界鄱阳街，今鄱阳街 53 号
结构：钢混
规模：地上 6 层，建筑面积 3668.85 平方米
设计时间：1920 年
设计单位 / 人：景明洋行海明斯、伯克利
施工单位 / 人：汉协盛营造厂
建筑时间：1921 年
保护等级：全国重点文物保护单位（汉口近代建筑群）
现房屋所有权人：武汉城投房产集团有限公司

景明洋行大楼檐口装饰

大楼门廊内景

出身英国伦敦皇家建筑学院的设计师、景明大楼设计者之一海明斯工作照

景明大楼1921年由英国设计师海明斯与华商沈祝三等合作设计建造。该行拥有多名洋人设计师，汉口华人建筑师亦大半出自该行，华人建筑师卢镛标就是其中一个，后来他自创建筑设计所，汉口多栋著名建筑出自其手。1938年10月武汉沦陷后，景明大楼被日军占领，海明斯回国，洋行歇业。1945年抗战胜利后，大楼成外侨公寓，美空军临时招待所曾设于此。1948年8月7日，楼内发生美军和外侨强奸中国妇女的恶性案件，国民党当局仅将几个中国人判刑便草草结案，被武汉人民斥为“辱国辱民”。20世纪50年代后，大楼曾为武汉市民主党派办公楼。

该大楼一层窗台下为花岗石基座；二层及以上由柱、梁、大玻璃窗作立面，三层正面设长阳台；三层至五层两侧出挑，有多边形阳台；六层有方形短阳台。顶部檐口挑出，平屋面，大门设悬吊雨棚。属古典向现代过渡建筑风格。

亚细亚火油公司汉口分公司旧址

地址： 原英租界外滩宝顺街街口，今天津路 1 号
结构： 钢混
规模： 地上 5 层，建筑面积 6758 平方米
设计时间： 1923 年
设计单位 / 人： 景明洋行
施工单位 / 人： 魏清记营造厂
建筑时间： 1924 年
保护等级： 湖北省文物保护单位

民国时期的亚细亚火油公司汉口分公司

亚细亚火油公司为英国壳牌运输贸易公司与荷兰皇家石油公司合设的公司，总部设伦敦，1890 年在上海设中国总公司，约 1910 年在汉口设分公司。1912 年选址于英租界三码头，后迁宁绍码头、胜利街京汉铁路南局二楼。1924 年建大楼。主售煤、汽油、柴油等物资，与美孚、德士古火油公司一起垄断中国石油市场。武汉沦陷后日军军部指派见善、吉田等 4 家日本洋行强行代销其商品。太平洋战争爆发后，亚细亚火油公司汉口分公司大楼被日军接管，抗战胜利后，该行不再享有中国内河航运权，大班艾力德 1951 年回国。亚细亚火油公司汉口分公司大楼曾作为美国驻汉领事馆、美国驻华大使馆、汉口美国新闻处使用。珍珠港事件发生后曾被日军用于关押俘虏。20 世纪 50 年代起为中国人民解放军空军某部驻地，后为部队招待所。

大楼原设计为八层，实建五层，立面按三段式划分，西式隅石与中式纹样装饰。外墙为仿麻石墙面，墙角隅石护角，檐口装饰及阳台细部有传统建筑纹饰。为汉口较早的现代主义风格建筑。

法国立兴洋行汉口分行洞庭街商住楼

地址：原法租界吕钦使街，今洞庭街82—84号，
结构：砖混
规模：地上4层，建筑面积5213平方米
设计单位/人：三义洋行
施工单位/人：广帮和隆营造厂
建筑时间：1923年
保护等级：武汉市优秀历史建筑
现房屋所有权人：武汉城投房产集团有限公司

立兴洋行汉口分行洞庭街商住楼（右一）

1921 年，立兴洋行汉口分行大班郭田（法国人）买进教会三德堂地皮（今洞庭街 82—84 号），1923 年建楼。立兴洋行汉口分行 1923 年从汉口外滩迁此，用一楼中的一套房子办公，另三套房子由三义、美商满海、艾德林洋行承租，二、三、四层公寓仅租外国人，1936 年后始租华人。立兴洋行汉口分行 1938 年底停业，业务、员工转属法商永兴洋行。1950 年，该大楼出租权移交比利时义品公司，1954 年大楼所有权移交武汉市房地产公司。

该楼正立面由铁砂砖、优质砖砌成，二、三层为双联券柱式外廊，底层中部为入口，门廊为多立克柱式，三开间门廊，四柱向上贯通，形成上方两层敞廊。大楼分左右两单元，每个单元内每一层有两个套间，共 16 个套间，每套 7 个房间。属近代古典式建筑。

德国西门子洋行汉口分行旧址

地址：原德租界奥古斯塔街，今一元路 2 号
结构：砖混
规模：4 层，建筑面积 2801.53 平方米
设计单位 / 人：景明洋行石格士
施工单位 / 人：汉协盛营造厂
建筑时间：1908 年
保护等级：武汉市文物保护单位
现房屋所有权人：武汉城投房产集团
现房屋使用人：武汉市人民政府

德国西门子洋行创建于 1847 年，1901 年该行在汉口租界首设市内电话，1908 年汉口西门子大楼落成。日本人内田佐和吉所著《武汉巷史》记载，西门子大楼为一座位于汉中街街角的大厦，是一元路旁最好的楼，德国领事馆在这条街上建馆的同时，西门子公司在这条街上建楼。1926 年 10 月，国民政府总顾问鲍罗廷在楼内办公。1927 年“四一二”反革命政变后，中共中央在此召开政治局紧急会议。1938 年武汉沦陷后，该楼被日本通信公司占据。抗战胜利后为国民党武汉军警宪联合督察处。1950 年为武汉市卫生局办公楼、武汉市老中医门诊部。

该楼三段式构图，底层为半地下室，正门台阶进入二层，正面 13 开间，两侧各有一间退后，中间的三、四层凸建 6 根廊柱，廊柱两侧顶部各设一德式平行塔楼。属古典主义建筑风格。

汉口新泰大楼旧址

地址：原俄租界尼古拉大街，今沿江大道 108 号

结构：钢混

规模：地上 5 层，建筑面积 3523.88 平方米

设计时间：1921 年

设计单位 / 人：景明洋行海明斯、伯克利

施工单位 / 人：永茂昌营造厂

建筑时间：1924 年

保护等级：全国重点文物保护单位（汉口近代建筑群）

现房屋所有权人：国家粮食和物资储备局湖北局

约 1917 年新泰茶厂在汉口鄱阳街建造的仓库

1924 年翻新的新泰大楼

汉口开埠前后，俄商在中国开办新泰茶厂，从事中俄茶叶贸易。1891 年 5 月 1 日，来华游历的俄国皇太子（末代沙皇尼古拉二世）视察茶厂。1917 年俄国爆发十月革命，汉口茶叶生意一落千丈。新泰洋行 1920 年在英国伦敦注册成立亚洲贸易公司，1924 年翻建新泰大楼，1942 年太平洋战争爆发后大楼被日军强占。至今，新泰茶厂厂房、仓库、水箱楼等建筑遗存。新泰大楼三段式构图，基座、墙身划分明确。入口设转角处，进门三角形主楼梯旋转而上，风格独特。顶部置精致椭圆形穹窿塔楼。为古典主义建筑风格。

日本日清轮船公司汉口分公司旧址

地址：原英租界太平街，今江汉路 2 号

结构：钢混

规模：5 层，建筑面积 6427 平方米

设计时间：1927 年

设计单位 / 人：景明洋行

施工单位 / 人：汉协盛营造厂

建筑时间：1928 年

保护等级：武汉市文物保护单位

20 世纪 80 年代的日清轮船公司汉口分公司旧址

大楼转角处顶部建有拜占庭建筑风格的角塔

1907 年，日本大阪商船公司、日本邮船公司、湖南汽船公司和大东汽船公司合并成立日清轮船股份公司，总部设东京，在上海、汉口设分公司。在汉口有江边码头 2 座、堆栈 6 处，经营汉口至上海、湘潭、宜昌航线。1928 年翻建汉口分公司大楼，1937 年“七七”事变后，日清公司奉令将长江上游船只和日侨集中运至上海，1939 年并入日本东亚海运股份公司。1941 年，在中国沦陷区港口停泊的太古公司、怡和公司和挂意大利国旗的中国三北公司的轮船均被该公司接管。1945 年 9 月抗战胜利后，该公司在华船只由国民政府军事委员会后勤总部水运指挥部派员接收。

日清公司所在地块原为英商太平洋行，江汉路因此原称“太平路”。日清轮船公司汉口分公司大楼主入口居中，以爱奥尼克柱强化，上层双支柱，两侧对称布置。上部仿麻石粉刷，底层外墙用大块麻石垒砌，转角处顶部构筑拜占庭式角塔，属文艺复兴建筑风格。

三北轮埠公司汉口分公司旧址

地址：原俄租界尼古拉大街，今沿江大道 167 号
结构：砖混
规模：地上 5 层，建筑面积 3687.5 平方米（原为 4 层，建筑面积 3199.8 平方米）
施工单位 / 人：汉协盛营造厂
建筑时间：1922 年
保护等级：武汉市优秀历史建筑
现房屋所有权人：武汉港务集团

民国时期的三北轮埠公司汉口分公司大楼

三北轮埠公司由上海著名德国洋行买办虞洽卿于 1913 年创办，因慈北、镇北、姚北三轮而得名，1915 年设汉口分公司。全面抗战爆发后，三北轮埠公司沉塞于江阴、马当、黄浦江的轮船和趸船达 7 艘，共 1.2 万吨；沉于广州、福州、镇海的船只达 11 艘，共 1.6 万余吨，为封江御敌做出巨大牺牲。抗战胜利后，三北轮埠公司汉口分公司返汉，恢复长江中下游航线，后来由于国民党发动内战，航运业务陷入瘫痪。1949 年 5 月 18 日，武汉市军管会交通接管部代表刘惠农接管该公司，1951 年 2 月该公司划归中国人民轮船总公司长江区公司管辖。

三北轮埠公司汉口分公司大楼以现代风格简化列柱、轴线装饰立面，整体保留三段构图和转角入口、圆形塔等古典主义建筑手法。

八、近代公馆公寓

詹天佑故居

地址：原俄租界鄂哈街，今洞庭街 65 号
结构：砖木
规模：地上 2 层，建筑面积 532.12 平方米
设计时间：1912 年
设计单位 / 人：詹天佑
建筑时间：1913 年
保护等级：全国重点文物保护单位

詹天佑（左一）与家人在武汉

詹天佑（1861—1919），祖籍徽州婺源（今江西省婺源县），1861 年生于广东南海（今广州市荔湾区），1872 年考入清政府首批幼童出洋预备班，赴美读书，后毕业于耶鲁大学土木工程系。1888 年就职于中国铁路公司，1905 年至 1909 年任京张铁路总工程师兼会办。因提前两年修成京张铁路，在国内外引起轰动。1909 年任川汉铁路总工程师兼会办，次年任商办粤汉铁路总理兼总工程师，设总公所于汉口。1912 年任交通部技监，驻汉口专办铁路事，主持修改汉口至宜昌铁路线设计，同年夏季任中华工程师学会会长。詹在汉口期间买地建造私宅，定居于此。他 1914 年任汉粤川铁路督办，督修粤汉铁路武昌至长沙段，1919 年 4 月 24 日在汉口病故。詹天佑故居由詹天佑亲自设计，属中西合璧式建筑。

鲁兹故居（史沫特莱旧居）

地址：原英租界鄱阳街，今鄱阳街 32 号
结构：砖木
规模：地上 2 层，主楼建筑面积 619.44 平方米，副楼建筑面积 135.6 平方米
建筑时间：1913 年前
保护等级：湖北省文物保护单位
现房屋所有权人：武汉基督教三自爱国运动委员会

洛根·赫伯特·鲁兹（Logan Herbert Roots）

1938 年 4 月 11 日，八路军武汉办事处在屋顶花园举行告别宴会（前排左起：博古、鲁兹、周恩来、王明）

美国人鲁兹（L.H.Roots，1870—1945，中文名“吴德施”），哈佛大学文学院、剑桥神学院毕业，1896 年 11 月由美国圣公会派遣来华，任武昌高家巷圣约瑟堂堂牧，1899 年改任汉口圣保罗堂堂牧。1904 年 11 月任湘鄂皖赣教区主教后，在汉口居住二十多年。美国圣公会原为武汉势力最大基督教教派，在武汉有教堂 52 座，办有华中大学、文华图书专科学校、4 所中学以及武昌同仁医院。鲁兹曾营救日知会刘静庵等人。阳夏战争时，建伤兵医院救助民军和灾民。1926 年北伐军攻占武昌后，鲁兹亦帮助维护城区卫生、救济难民。1927 年“四一二”反革命政变后，周恩来由上海潜来汉口，藏身于此。武汉“七一五”分共发生后，鲁兹协助周潜离汉口至南昌领导南昌起义。1937 年“七七”事变后，鲁兹与记者艾格尼斯·史沫特莱、安娜·路易丝·斯特朗，中共领导人周恩来、邓颖超、朱德、彭德怀、秦邦宪，国民党人士冯玉祥、宋子文、孔祥熙、张群、王宠惠、吴国桢等均有交往。白求恩北上中国抗日战争前线前，住鲁兹家半月之久。

鲁兹故居为早期南洋廊式建筑，两栋建筑二层间有楼道相通。

涂堃山公馆

地址：原法租界河内街，今车站路 10 号

结构：砖木

规模：地上 2 层、地下 1 层，建筑面积 1718.92 平方米

建筑时间：1917 年

保护等级：武汉市优秀历史建筑

涂堃山于公馆庭园内

涂堃山，1914 年至 1930 年任英商亚细亚火油公司汉口分公司买办。其间，他与公司同人一起在湖北及周边建起庞大销售网络，设总庄（总代销店）于鄂东、鄂西等 48 个市县，公司销售规模稳居同行前列。1949 年，涂赴美定居。1950 年涂堃山公馆为解放军空军部队接管，曾作空军高级将领傅传住宅。20 世纪 90 年代后由武汉市远航贸易有限公司使用。

建筑入口设中部，突出门框造型，两侧有精致多立克柱，精细半圆形券拱。建筑上部缀形似檐口的装饰横带，中部变化山花装饰，起收进效果。为欧洲古典主义风格建筑。

周苍柏公馆

地址：今黄陂村 5—7 号
结构：砖混
规模：地上 2 层，2 栋，总建筑面积 661.08 平方米
建筑时间：1920 年
保护等级：武汉市优秀历史建筑
现房屋所有权人：武汉城投房产集团有限公司

周苍柏一家（后排从左至右：周苍柏女儿周小燕、夫人筑燕梁、周苍柏、次子周德佑）

周苍柏（1888—1970），美国纽约大学经济系毕业，1917 年回国任上海商业储蓄银行汉口分行行长。该公馆为周苍柏在行长任上置办，他与夫人筑燕梁、长女周小燕（后成为著名女高音歌唱家）、次子周德佑、三子周天佑一起居住。周苍柏的祖父为汉阳周恒顺机器厂创办人周庆春。全面抗战爆发后，周德佑参加中共领导的“第七演剧队”，为宣传抗日积劳成疾，于 1938 年去世。当年 3 月 22 日，中共领导人周恩来、董必武、邓颖超、叶剑英，国民党要人陈诚等到周公馆悼念周德佑。周家与周恩来有密切交往，对中国共产党抱有深厚感情。皖南事变后，新四军军长叶挺的家属曾被接到周公馆居住。新中国成立后，周苍柏将私产悉数捐献给人民政府，现在的东湖风景区在他的东湖海光农圃基础上扩建而成。新中国成立后，周苍柏历任中央人民政府政务院财经委员会委员等职，1970 年在北京病逝，葬于八宝山革命公墓。周苍柏公馆为红瓦坡屋顶，以山墙作楼体正面，清水灰砖外墙，局部有水泥拉毛装饰，直角框架门窗，二层设挑出露台，宽敞拱券门通内室。属英国别墅式庭院建筑。

李凡洛夫公馆

地址：原俄租界鄂哈街，今洞庭街 86—90 号
结构：砖木
规模：地上 3 层，建筑面积 1817.5 平方米
设计单位 / 人：景明洋行
施工单位 / 人：汉口广兴隆营造厂
建筑时间：1913 年
保护等级：武汉市优秀历史建筑
现房屋所有权人：武汉城投房产集团有限公司

李凡洛夫公馆老照片

李凡诺夫公馆亦称李凡诺夫夫人公馆。李凡诺夫，俄商顺丰茶厂厂主，其中文译名甚多：李凡诺夫、季凡诺夫、李维诺夫、李特芬诺夫、利文诺夫、斯特芬诺夫等。其生卒年不详，可能来自俄国喀山，甚至有人说，李凡诺夫不是一个人，而是一对父子。据《武汉市志·人物志》记载，1861 年李凡诺夫来汉开设顺丰洋行，主营中俄茶叶贸易。后来在湖北羊楼洞开设顺丰砖茶厂，后来顺丰茶厂迁至汉口，采用新式蒸汽机制茶。1917 年十月革命后顺丰茶厂关闭。在当年的汉口俄租界，许多房产属李凡诺夫及其夫人。李凡诺夫公馆曾作为武汉市社会学学会办公室，20 世纪 90 年代设“别克·乔治”酒吧，2007 年作冷军画室。1997 年的一天下午，李凡诺夫的孙女带着她的一个儿子和两个孙子来“寻根”，在老屋前流连良久。

该建筑为清水外墙，立面风格活泼。底层有几个大的半圆拱形门洞，中部底层收进，二、三层有外走廊，三层上部建一红瓦六边尖角楼。属斯拉夫别墅式建筑。

巴公房子

地址：原俄租界开泰街，今鄱阳街 46—56 号

结构：砖混

规模：地上 4 层（原为 3 层）、地下 1 层，建筑面积 10185.77 平方米

设计时间：1909 年

设计单位 / 人：景明洋行

施工单位 / 人：永茂昌、广大昌营造厂

建筑时间：1910 年（大巴公房子）、1912 年左右（小巴公房子）

保护等级：湖北省文物保护单位

现房屋所有权人：武汉城投房产集团有限公司

1910 年刚建成的大巴公房子，此时，巴公房子的另一部分——小巴公房子还未建成

1912 年左右建成的小巴公房子。其时，它左侧的怡和公寓、右侧的那克伐申公馆均未兴建

俄国茶商 J · K · 巴诺夫系俄国贵族，人称“巴公”。1910 年投资建造巴公房子，委托比利时义品洋行出租，1912 年离汉后售予广东银行。巴诺夫曾被聘为新泰洋行大班，1974 年与英、俄商人开办阜昌洋行，任联合经理。1902 年前出任过俄国驻汉口领事。

巴公房子平面呈锐角三角形，中部为三角形天井，单元式布局，内设 220 套 2 室 1 厅、3 室 1 厅套房。建筑立面严谨对称，内廊铺大理石马赛克地坪，房间铺拼木地板、木墙裙，设置壁炉取暖。为文艺复兴风格建筑。

九、近代里份建筑

三德里

地址：原法租界西贡街、新街街口，今中山大道、海寿街交会处
结构：砖木
规模：地上 2 或 3 层，总建筑面积 12361.86 平方米
施工单位 / 人：南里：不详；北里：明昌裕营造厂
建筑时间：1901 年
保护等级：武汉市优秀历史建筑

从中山大道、海寿街交会处看三德里

鸟瞰三德里

三德里 1901 年由浙商刘贻德三兄弟所建，后由义品洋行经租。浙江湖州“南浔四象”之首刘镛的次子刘锦藻，亦称刘贻德，清末甲午科进士及第。刘贻德的名声主要在于整理文献，中年以后，他穷二十余年的时间，于 1921 年编成 400 卷《清朝续文献通考》，为著名政书“十通”的收官之作。刘贻德在南浔建有藏书楼“嘉业堂”。1934 年，他病逝于上海，终年 73 岁。

三德里历史丰富：1916 年 7 月 22 日，驻汉政学商界同人在 36 号创办《大中华日报》；1927 年大革命失败后，中共早期领导人向警予在三德里 27 号被捕，牺牲于汉口余记里空坪；20 世纪 30 年代，法国人那嘉利在此开设那嘉利汽水厂；1937 年全面抗战爆发后，周恩来英文翻译、后任联合国副秘书长的冀朝铸曾居住于三德里；台湾地区国民党秘书长李焕少年时期曾居 25 号；时记照相馆、应元记车行、邹协和金号、波衣也琴行等曾在此经营。三德里为汉口早期石库门里份建筑，有住宅 112 栋，分南、北里。

汉润里

地址：原英租界湖北街，今中山大道 952—960 号

结构：砖混

规模：地上 3 层，35 栋，占地面积 9122 平方米，建筑面积 29050.25 平方米

建筑时间：1912 年

保护等级：武汉市优秀历史建筑

现房屋所有权人：武汉城投房产集团有限公司等

1925 年 6 月 11 日，汉口码头工人罢工，游行队伍遭英军开枪射击，是为汉口“六一一”惨案。此图原注：此系六月十一日夜，汉口英租界惨变后之光景，图中市街系湖北路，左为汉润里，右为新昌里，地上破残之自行车乃日本大江商会暨大丰洋行之货物。

清末民初，江西人周扶九经商致富，在汉投资了大量房地产。周扶九去世以后，将汉润里转卖给程沸澜、程子菊叔侄，由英商通和洋行“挂旗”经租。1967 年汉润里改名为兴国一里，1972 年恢复原名。1921—1948 年间，大批钱庄在此扎堆。1918 年，金城银行汉口分行设汉润里。大孚、聚兴诚银行初期亦设于此。北伐军攻占武汉后，华商总会、《时事类编》、《大公报》汉口版及武汉新闻记者联合会曾设此。余洪元、梅兰芳、金少山、胡风等曾涉足其间。1937 年 9 月董必武到武汉，住 42 号熊子民家。1948 年 1 月，马哲民、李伯刚等在汉润里 32 号唐午园家秘密成立民盟汉口市支部筹委会，中共中央南方局武汉市委（地下）成员郭治澄、林霁霞藏身汉润里，为迎接武汉解放开展工作。汉润里与金城银行汉口分行大楼旧址隔路相望，北通文华里，南临宝润里、崇正里。汉润里全长 125 米，房屋均为石库门式三层住宅，下店上宅，临街部分设商铺，时为英租界高等里巷。

泰兴里

地址：原法租界德托美领事街，今胜利街 160 号
结构：砖木
规模：地上 2 层，17 栋住宅
建筑时间：1907 年

泰兴里是汉口唯一带院子的单栋联排建筑里份，由俄国茶商建房成里。里份建成后，委托汉口著名房地产经纪商义品洋行管理。1908 年，上海巨商叶澄衷“挂旗”购置了泰兴里。泰兴里 18 号曾是以詹天佑为会长的中国工程师学会所在地。这里在抗战胜利后发生过一件

泰兴里建筑门廊

公案：湖北黄冈人方本仁从军界起步，曾任湖北省代理省主席，后弃政从商。1938 年 10 月武汉沦陷后，他因其母去世从重庆回黄冈奔丧，后在泰兴里当寓公。抗战胜利后，某“接收大员”接收敌产时查抄方宅。后该“接收大员”因贪污受到指控，并被通缉，方的家产陆续被追回。1945 年 10 月，董必武经武汉去重庆参加国共谈判，被方安排入住德明饭店。1949 年 5 月武汉解放前夕，方坚辞白崇禧让他担任湖北民军总指挥之请，留在武汉迎接解放。

泰兴里为单栋联排形式，“一巷一口”，主巷型布局。住宅均为红瓦屋顶，下有架空层，半圆拱形窗，局部有外廊。

同兴里

地址：原法租界吕钦使街与德托美领事街之间，今洞庭街 83 号

结构：砖混

规模：地上 2 层，建筑面积共 13649.72 平方米

设计单位 / 人：义品洋行
施工单位 / 人：武昌协成土木建筑厂、永茂隆营造厂
建筑时间：1928—1932 年
保护等级：武汉市优秀历史建筑
现房屋所有权人：武汉城投房产集团有限公司、武汉市江岸国资公司等

时任中共中原局社会部情报工作二组组长的彭其光（右）与妻子在中原解放区

《武汉地名志》记载：同兴里原是大买办刘子敬的私人花园，1928 年前后，徐、胡、刘等 16 家在此建楼房 25 栋，形成居民区，以美好愿望称“同兴里”。《汉口租界志》称：同兴里 1932 年由华商周纯之等人投资建成。同兴里 1967 年曾改名“烽火一里”，1972 年恢复“同兴里”之名。同兴里巷口建筑为梁俊华公馆，梁俊华为法国东方汇理银行汉口分行买办，时任浙江实业银行经理。同兴里曾有数座钱庄，如 3 号是祥发钱庄，8 号是瑞怡钱庄，9 号是晋安钱庄。1949 年武汉解放前夕，时任中共中央中原局社会部情报工作二组组长彭其光设秘密电台于同兴里 21 号，为促成国民党张轸部队起义及武汉解放做出贡献。21 号刘姓商人女儿刘虹、大儿媳桑岱久亦为中共地下工作人员，武汉解放时江汉关上升起的红旗为他家赶制。同兴里全长 230 米，东口通洞庭街，西口出胜利街。石库门房屋为单元式组合，内空高，进深大，装百叶窗。外墙仿麻石粉刷，门窗上缀精致花饰。2016 年中山大道综合整治时，同兴里房屋由武汉市江岸国资公司进行立面改造。

同兴里的石库门建筑

咸安坊

地址：今胜利街与鄱阳街之间、南京路与北京路之间
结构：砖木
规模：地上 2 层，建筑面积共 16362.19 平方米
施工单位 / 人：汉兴昌、袁瑞泰、阮顺兴、永茂隆等营造厂
建筑时间：1933 年
保护等级：武汉市优秀历史建筑
现房屋所有权人：珠海华发置业有限责任公司

咸安坊鸟瞰图

《武汉地名志》记载，咸安坊北段由业主王奇峰等 7 人于 1932 年合建，时称同仁里；南段 1933 年由业主张韵轩等合建，时称咸安坊；中段称启昌里、德永里。1967 年里坊合并，改名为灭资里，1972 年统称咸安坊。《武汉市志 · 城市建设志》中记载，咸安坊业主为黄少山等 12 人。20 世纪 30—40 年代，坊内有票号、钱庄 62 家，居民多为非富即贵之人。咸安坊 15 号房主黄少山被称为汉口“棉花大王”，张韵轩为大冶源华煤矿大股东，王春华曾任兴记新市场（新民众乐园前身）董事长。著名汉剧演员陈伯华曾租住于咸安坊，在此邂逅原冯玉祥部参谋长、商人刘骥，结为伉俪。女作家萧红、航运巨头卢作孚、药业大王陈太乙、辛亥革命老人喻育之亦曾留足迹于此。1949 年后，咸安坊收归国有，作为公房安置南下干部、企事业职工等。

咸安坊全长 320 米、宽 6 米，多条巷道纵横交错，“里中有里”。住宅前后设天井，金属材质窗户、通风口，地板打蜡，初建时这种“钢窗蜡板”为高等石库门里份的标志。

保元里

地址：今保华街与汇通路交会处
结构：砖木
规模：地上 2~3 层，建筑面积共 4145.47 平方米
建筑时间：1912 年
保护等级：武汉市优秀历史建筑
现房屋所有权人：武汉市江岸国资公司

保元里整体空间布局充分考虑街道地势，沿保华街建造，颇具识别度，临街商铺的外立面装饰典雅，富于美感。第二、三层为住宅，檐口有山花装饰，檐口上建有女儿墙，外墙仿麻石粉饰。

保元里的建筑风格独树一帜，其蕴藏的丰富历史也耐人寻味。民国时期，国学大师熊十力曾两次住在这里。1937 年全面抗战爆发后，熊十力从北平返汉，暂居保元里 2 号王孟荪家。王是银行家，平素对熊十力多有资助。1946 年春，熊十力回到武汉，又在保元里王家借住。

1947 年童式一在汉口开办华中经济通讯社，编辑部设于保元里 9 号童家。时任中共武汉地下市委书记曾惇等人曾以通讯社“主笔”身份为掩护，开展地下工作。1949 年 5 月 15 日，在国民党军队溃逃、解放军兵临城下的“真空时期”，曾惇和地下市委成员在保元里 9 号设立临时指挥部，用一部电话指挥武汉三百九十多名地下党员秘密掌控三镇情况，直至解放军进城。

保元里初任业主为曾任上海道台的桑铁珊，1947 年保元里业主变成湖北省银行。

保元里巷道

上海村

原有名称：致祥里、鼎安里、上海邨

地址：原英租界歆生路，今江汉路，主入口正对花楼街

结构：砖混

规模：地上 3~4 层，共有房屋 27 栋

设计单位 / 人：英国建筑师 Frank Baines

建筑时间：1923 年

保护等级：武汉市优秀历史建筑

现房屋所有权人：武汉城投房产集团有限公司

20 世纪 30 年代的上海村街面房（右）

关于上海村的兴建，有几种记载，《汉口租界志》：1923 年由华商李鼎安投资兴建，原名鼎安里，后抵押给上海商业储蓄银行，改名上海村。《武汉地名志》：1923 年由上海商业储蓄银行投资兴建，始名至强里，1925 年改名鼎安里，1927 年用作上海银行职工宿舍，改名上海村。也有资料认为：上海村前身系唐义衢的致祥里，后出售给上海商业储蓄银行和保险商李鼎安，得名鼎安里，1925 年李鼎安到上海创办铁厂，将鼎安里抵押给上海商业储蓄银行汉口分行，后经营失败，鼎安里成银行房产，改名上海村。华商李鼎安为汉口保险商，武汉沦陷时出任伪武汉治安维持会财政局局长，后任伪汉口特别市商会主席。上海村临街曾有华美药房、中央药房、亨达利钟表店等，一侧为上海银行大楼，另一侧为湖北省银行大楼。武汉沦陷时期，伪市立医院曾设鼎安里；1938 年郭沫若曾落脚于上海村，接待了途经武汉的朱德。

洞庭村

地址：今位于南京路、青岛路之间，巷道连接洞庭街和鄱阳街
结构：砖木
规模：地上 2~3 层，24 栋，占地面积共 9581.53 平方米
建筑时间：1936 年
保护等级：武汉市优秀历史建筑
现房屋所有权人：武汉城投房产集团有限公司

洞庭村地域原属俄商阜昌洋行，1917 年俄国十月革命爆发后，土地闲置。西段于 1936 年由胡、宋、蒋三家投资合建，取名同福里。同年张、季两家合资在东段建房成巷，因临洞庭街，取名洞庭村。1967 年东、西段合并，统称洞庭村。“胡”即胡仁斋，仁济医院医生，曾在同福里开医寓。“宋”即宋世醒，与胡是汉口大同医学校同学，汉口扬子铁厂医院、汉口红十字会医院医生。宋世醒的外孙女秦继尧现居洞庭村 4 号，现已从江汉区结核病防治所退休，早年就读于汉口圣罗以女子中学（今市二十中），与电影《青春之歌》主演谢芳为同班同学。同福里 8 号刘笃生亦出身大户人家，其二伯父刘鹄臣为刘有馀药店老板，五叔为汉口第一纱厂和震寰纱厂老板之一刘季五。洞庭村 5 号墙上有块石碑，上刻：“周御瀛、周金藻先生于一九四九年五月四日立契，将同福里九号房屋捐赠国立武汉大学。”此处曾挂“武汉大学汉口办事处”牌子。捐赠者周御瀛女士曾任汉口协和女中、懿训女中校长。在华裔旅美作家聂华苓记忆中，其母亲曾在同福里把她们拥至桌下躲避日本飞机的轰炸。洞庭村红砖清水外墙，红瓦屋面，第一层木地板下有低矮架空层。洞庭村为高等石库门里巷。

秦继尧（后排右一）与著名演员谢芳（后排右三）为汉口圣罗以女子中学同班同学

秦继尧（后排右二）与家人合影，前排中为洞庭村创建者之一宋世醒

江汉村、六也村

地址：今位于江汉路、上海路之间，巷道连接鄱阳街和洞庭街
结构：砖木
规模：地上 3 层，28 栋，建筑面积共 11609.05 平方米
设计单位 / 人：卢镛标建筑事务所、景明洋行
施工单位 / 人：汉昌济、李丽记、康生记营造厂和明巽建筑公司等
建筑时间：1934—1936 年
保护等级：武汉市优秀历史建筑
现房屋所有权人：武汉城投房产集团有限公司等

江汉村早前为两个里份，1934 年，盐业银行投资兴建西段（今鄱阳街段），称江汉村；1935 年后，柴海楼在东段（今洞庭街段）建楼成里，称六也村，两个里份相通，名称沿用至 20 世纪 60 年代。1967 年两个里份合并，统称江汉村。有记载称刘根太、王毕双、郑硕夫、胡芹生、倪裕记、吴鑫记等曾参与兴建。郑硕夫曾是义品洋行副买办，柴海楼为汉口房地产富商，曾任汉口市房地产业公会理事长。江汉村曾设衍源、福源长钱庄，六也村瑞隆钱庄老板周纯之曾为汉口钱业公会常务理事。20 世纪 50 年代，住江汉村 8 号二楼的陆天虹和三楼的郭治澄曾分别为解放区工部工作人员和中共地下工作人员，分别任《长江日报》《武汉晚报》负责人，晚年分别负责城市志撰写和党史研究工作。江汉村为汉口新型里份。

十、外国领事馆建筑

汉口英国领事馆官邸旧址

地址： 原英租界宝顺街，今天津路 10 号

结构： 砖木

规模： 地上 2 层，建筑面积 546 平方米

建筑时间： 1860 年代

保护等级： 武汉市优秀历史建筑

现房屋所有权人： 武汉城投房产集团有限公司

1864 年建成的第一幢英国领事馆馆舍

1883 年建成的英国领事馆馆舍

1887 年，英国人在英国领事馆门前广场上留影

1911 年建成的带牢房警察局

1861 年 4 月，英国在汉口英租界界限街路口以南设领事馆。1899 年升为总领事馆，管理湖北、湖南、江西、河南、陕西、甘肃、宁夏、青海等省领事馆。1941 年 12 月太平洋战争爆发后总领事馆关闭。抗战胜利后，于 1945 年 12 月复馆。1951 年 4 月 30 日关闭。

英国领事馆于 1864 年由英商马歇尔（Marshall）建筑设计公司建成首栋楼房，由于地势低，常遭长江洪水袭扰，后垫高地面，于 1883 年由原建筑商在原地重建新楼，1911 年建成一栋带牢房小警察局。1903 年增建辅助用房，1921 年再建副领事官邸（目前唯一留存楼房）。1941 年太平洋战争爆发后，日军拘捕英国驻汉口总领事达维森。1944 年 12 月 18 日美军飞机轰炸汉口，英国领事馆官邸建筑严重损毁。20 世纪 50 年代起，英国领事馆官邸旧址为武汉市政府参事室办公楼。英国领事馆官邸旧址，共有楼房四栋，具东南亚建筑特征。

汉口美国领事馆旧址

地址：原俄租界邦克街，今车站路 1 号
结构：砖混
规模：地上 3 层，建筑面积 2581.47 平方米
设计单位/人：景明洋行
施工单位/人：汉口广兴隆营造厂
建筑时间：1905 年
保护等级：湖北省文物保护单位
现房屋所有权人：武汉城投房产集团有限公司

美国领事馆建筑原为俄国贵族巴诺夫（J.K.Panoff）在汉口的房产。1861 年 4 月汉口美国领事馆开馆。1877 年，美国领事馆位于英租界内。1903 年升为总领事馆。据 1909 年的《汉口全图》，美领馆设于德租界江边（今沿江大道、五福路交会处）。1911 年辛亥革命阳夏

汉口原德租界江边的美国领事馆（左侧白色楼房，右侧为意大利驻汉口领事馆）

1911 年美海军陆战队队员在美国领事馆门前升旗

1915 年美领馆迁至汉口俄租界邦克街（今车站路 1 号）

1989 年的美国领事馆旧址大楼，塔楼已消失，裙楼还未建（陈朝军 / 摄）

战争期间，有美海军陆战队队员在领事馆前升旗。1915 年，美领馆迁汉口俄租界邦克街（今车站路 1 号），1936 年迁至英商亚细亚火油公司汉口分公司大楼。1937 年美国驻华大使馆亦由南京迁汉口，入驻亚细亚大楼汉口分公司。1941 年 12 月太平洋战争爆发后，美领馆闭馆，1945 年抗战胜利后复馆，1949 年 5 月武汉解放后再次关闭。2008 年，美国驻武汉总领事馆在汉口建设大道开馆。

汉口美国领事馆旧址大楼立面为清水红砖外墙，呈阶梯状层叠向上，设连续半圆拱券门、窗，层间设显著腰线，外立面呈弧形，极具巴洛克风格的流动感。转角呈四层城堡状，上有八角塔。底层设三个入口，正中大拱券门为主入口，门内为高内空大厅。该楼走道铺水磨石，房间铺木地板，至今保存完好。

汉口俄国领事馆旧址

地址：原俄租界领事街，今洞庭小路特 1 号
结构：砖混
规模：地上 4 层，建筑面积 1464.38 平方米
建筑时间：1904 年
保护等级：武汉市优秀历史建筑
现房屋所有权人：湖北省电影发行公司

1861 年 7 月，俄国驻上海领事夏德尔兼俄国驻汉口领事。在未设领事馆前，俄国在汉口通商事务由美国领事馆代办。1869 年俄国始在汉阳设领事馆，1891 年欲在汉阳设租界之事未成，遂将领事馆迁至汉口。1896 年，汉口俄租界划定后，在界内建新领事馆，初建 9 栋两层砖木结构馆舍。1903 年，为了建新大楼，俄领馆暂设今黎黄陂路与洞庭街交会处，1904 年迁至新楼（今洞庭小路特 1 号）。1917 年俄国爆发十月革命，俄领事馆关闭。1925 年苏联政府在汉口恢复领事馆，1927 年再次闭馆。1927 年桂系军阀据鄂时期，武汉卫戍司令胡宗铎、副司令陶钧曾以俄领馆旧址楼房为官邸。1933 年苏联驻汉领事馆复馆，1947 年再次关闭。1949 年武汉解放后，俄领馆大楼由湖北省电影公司等单位使用。汉口俄国领事馆旧址主楼平面呈“品”字形，主体后撤，中部有一个三跨门廊，两侧设坡道，可行驶汽车，正中为条石砌筑台阶。建筑所有窗、门均为半圆形券拱式，加框。壁柱短粗，为拜占庭风格。建筑层间设腰线，每层均有连续半圆形券拱窗。建筑内部装饰华丽。

汉口法国领事馆旧址

地址：原法租界吕钦使街，今洞庭街 81 号

结构：砖木

规模：地上 2 层，建筑面积 1390.73 平方米

建筑时间：1895 年

保护等级：武汉市优秀历史建筑

现房屋所有权人：武汉城投房产集团有限公司

1865 年建造的法国领事馆馆舍

1895 年再建的法国领事馆大楼

1862 年，法国在汉口设立领事馆。1865 年建馆舍，1891 年被大水冲毁，1895 年再建馆舍（今洞庭街 81 号）。1938 年 10 月武汉沦陷后，日军未入法租界，1939 年 5 月，法国领事馆内设日本科，加强与日军联系。1943 年 2 月 23 日，法国维希政府宣布放弃在华租界，汉口租界交给汉口日伪政权。1945 年抗战胜利后，汉口法租界被中国政府正式接收。1950 年 12 月，法国领事馆关闭。法国领事馆旧址大楼红瓦屋面，木质百叶窗，条形屋檐，麻石墙面。立面为弧券外廊，入口设 5 级台阶，一层办公，二层为住宅。室内设壁炉，屋顶筑烟囱，属古典主义建筑风格。

汉口德国领事馆旧址

地址：原德租界海因里希亲王大街，今沿江大道 188 号

结构：砖木

规模：地上 2 层，建筑面积共 1623.11 平方米

设计单位 / 人：德国建筑设计师韩贝礼

施工单位 / 人：费希纳卡普勒公司

建筑时间：1895 年

保护等级：全国重点文物保护单位（汉口近代建筑群）

现房屋所有权人：武汉城投房产集团有限公司

大楼底层走廊

1883年起，德国在汉口领事业务由英国领事代理。1888年，汉口德国领事馆开馆，设德租界内（今沿江大道188号）。1917年中国与德国断交，收回德租界，德领馆关闭。1925年复馆，1945年抗战胜利后再次闭馆，馆舍后来成为国民政府汉口市政府所在地。1949年由武汉市人民政府接管。

该楼周边为圆弧拱券廊，黄色拉毛外墙，红瓦坡屋面。大门正面为麻条石台阶，两边设坡道，可行驶汽车。屋顶四角为塔楼，四周开圆形窗，用于室内采光。屋顶置德式花饰，内部木作精细，属维多利亚建筑风格。

1895年初建时期的德国领事馆

汉口瑞典领事馆旧址

地址： 原俄租界尼古拉大街，今沿江大道 163 号

结构： 砖混

规模： 有前、后各一栋：前栋 3 层，建筑面积 2017.13 平方米；后栋 2 层，建筑面积 326.6 平方米。

建筑时间： 1937 年前

保护等级： 武汉市优秀历史建筑

现房屋所有权人： 武汉市恒基实业有限公司、武汉市民众投资有限责任公司、武汉市江岸国资公司

图为俄商李凡诺夫夫人在汉口的房产，全面抗战爆发前为汉口瑞典领事馆

1887 年瑞典在汉领事业务由德国领事代理，后由俄国领事代理，1906 年汉口瑞典领事馆开馆。1926 年的汉口地图标明汉口瑞典领事馆旧址大楼为李凡诺夫夫人房产。1938 年汉口瑞典领事馆闭馆。1948 年，汉口瑞典领事馆迁武昌昙华林 34 号瑞典教区，领事韩卫生（A.J.Hanson）。1949 年，瑞典行道会传教士夏定川（J.S.Strom）牧师任名誉领事，瑞典驻武汉领事馆为武昌唯一外国领事馆。20 世纪 50 年代，汉口瑞典领事馆旧址大楼为武汉化工建筑设计院办公楼。

该楼用立柱组成整体立面，布局严谨，开间具节奏变化，半圆形砖券拱门窗与半圆形砖雕壁柱配合，具和谐之美。属新古典主义风格建筑。

汉口比利时领事馆旧址

地址： 原法租界教会街，今蔡锷路 21 号
结构： 砖混

武昌首义后，湖北军政府都督黎元洪率部下走出汉口比利时领事馆

汉口比利时领事馆于 1891 年开馆，1941 年闭馆。是汉口八个总领事馆〔英国、美国、俄国（苏联）、法国、日本、德国、意大利、比利时领事馆〕之一。1917 年《汉口外国租界街道规划图》标注，汉口比利时领事馆位于法租界内（今蔡锷路 21 号）。

汉口日本领事馆旧址

地址：原日租界河街，今沿江大道 234 号

结构：砖混

规模：地上 4 层，建筑面积共 3533.22 平方米

建筑时间：1943 年

保护等级：武汉市优秀历史建筑

长江涨水时的汉口江滩日本领事馆旧址

1873 年 6 月，日本驻上海领事品川忠道兼日本驻汉口领事。1885 年 12 月，日本驻汉领事馆开馆，町田实一任领事。1903 年，日领馆从法租界克勒满沙街（今车站路）迁至日租界山崎街东口（今沿江大道 234 号），1909 年，日在山崎街东口兴建馆舍。1937 年“七七”卢沟桥事变后，日领馆于 8 月 11 日关闭。1938 年 10 月武汉失守前，中国军队炸毁汉口日本领事馆大楼。武汉沦陷后，日本重开驻汉领事馆，馆址暂设汉口胜利街，1943 年重建馆舍，1945 年抗战胜利后日本驻汉领事馆闭馆。沿江大道 234 号日领馆旧址楼房现已历经多次改造，原貌辰野风格不存。

十一、近代工业建筑

平和打包厂旧址

地址：原英租界华昌街，今青岛路 10 号
结构：砖混
规模：占地面积 8182 平方米，地上 4 层，建筑面积约 32808 平方米，建筑高 20.3 米
设计单位 / 人：最初设计：景明洋行；保护修缮与再利用设计：中信建筑设计研究总院
施工单位 / 人：最初建造：上海协盛营造厂；修缮改造：中信建筑设计研究总院
始建年份：1905 年
保护等级：武汉市文物保护单位
现房屋所有权人 / 使用人：武汉市江岸国资公司

民国时期的平和打包厂

平和打包厂为英商平和洋行的棉花打包厂，始建于 1905 年，承接棉花、牛羊皮、桐油、生漆等打包和进出口业务。1953 年 12 月由武汉市国营商业仓储公司接管，编为第三打包厂，1960 年厂房改为仓库，后由武汉市银虹制衣厂、武汉市青岛路商贸公司使用。2009 年后平和打包厂旧址纳入青岛路片历史街区保护与更新项目。2017 年，由中信建筑设计研究总院承担设计、修缮任务，转型为汉口文创谷文化与创意中心。2019 年，平和打包厂旧址保护修缮与再利用工程获得联合国教科文组织亚太地区文化遗产保护奖荣誉奖，并成为第四届武汉设计双年展开幕主场馆。目前，该处已成为武汉重要的文化遗产地标与网红打卡地。

该建筑群于 1905 年始建，1918、1933、1949 年相继加建，形成 7 栋风格各异的工业建筑，各单体建筑之间通过连廊、外挂楼梯等连为一体。外墙立面由清水红砖等材料组成，建筑内部留存早期喷淋系统、吊滑门、混凝土阶梯、立柱、铸铁栏杆、运货滑道等，其建筑整体呈早期工业厂房西风东渐特色。

修缮后的平和打包厂旧址

修缮后内景

修缮后的平和打包厂旧址临洞庭街、青岛路交叉口处

汉口英商和利冰厂旧址

地址： 原法租界塔纳纳利福街，今岳飞街 44 号

结构： 砖木

规模： 地上 2 层，建筑面积 1088.17 平方米

施工单位 / 人： 陈茂盛营造厂

建筑时间： 1918 年

保护等级： 湖北省文物保护单位

现房屋所有权人： 武汉亚洲实业有限公司

湖北省文物保护单位汉口英商和利冰厂旧址实际上是和利汽水厂旧址，和利冰厂实际旧址在今和利冰厂旧址左侧约 100 米处（今岳飞街 26—24 号）。和利冰厂与和利汽水厂由

和利汽水厂营业时期的照片，图中洋房为今天的岳飞街 44 号，大门前“和利汽水厂”牌匾清晰可见

英国人科赛恩（Corsane，旧译“柯三”）和英国人克鲁奇（Crouncher）共同创办。厂名取“和利生财”之意。1938 年 10 月武汉沦陷前夕和利汽水厂被转卖给华商刘耀堂，后停产。抗战胜利后，刘耀堂及其儿子刘楚才从重庆返汉，和利汽水厂重新开业，曾创年产汽水 6 万打的纪录。1952 年 3 月该厂转为公私合营，至 20 世纪 70 年代成为国营武汉饮料二厂，2000 年左右停产。汉口英商和利冰厂旧址集中西建筑风格于一身。屋檐及梁柱均衡分布条形格子浮雕，立面简洁典雅，整体极具厚重感。

20 世纪 20 年代和利汽水厂合伙人克鲁奇的大儿子在和利汽水厂门前

老沙逊洋行仓库旧址

地址：原英租界洞庭街，今洞庭街 32 号

结构：砖混

规模：原为 3 层，建筑面积 6100 平方米

建筑时间：约 1918 年

保护等级：武汉市优秀历史建筑

现房屋所有权人：武汉世通物流股份有限公司

左一建筑为华昌洋行、老沙逊洋行等建在汉口外滩的三层公事房，现已不存。左二为汉口花旗银行大楼

老沙逊洋行 1832 年由居住在巴格达的英籍犹太人大卫·沙逊于印度孟买创办。其长子阿拉伯特·沙逊子承父业，次子伊利亚斯·沙逊则自立门户，于 1872 年在孟买开设新沙逊洋行。老沙逊洋行在广州经商，对华销售英国纺织品和印度鸦片而成巨富，1845 年入驻上海，1861 年汉口开埠后入汉口经营。1917 年，在汉口花旗银行大楼右侧建老沙逊洋行大楼。1931 年汉口特三区地图中标明，该行在长江边 12 号地块（11 号地块为太古公司，13 号地块为花旗银行），仓库在洞庭街 32 号地块（今洞庭街 32 号）。该行 1940 年歇业。

老沙逊洋行仓库旧址大楼为清水红砖墙，局部水泥砂浆勒脚。临街立面采用壁柱与窗户分割墙面，左右两边窗框花式颇具特色，檐口线条简洁明快。

日本日清公司仓库旧址

地址：原俄租界尼古拉大街，今沿江大道 155—156 号
结构：砖混
规模：地上 4 层（原为 2 层），建筑面积 11441.6 平方米
建筑时间：1907—1913 年间
保护等级：武汉市优秀历史建筑
现房屋所有权人：武汉港务集团、长航工程局、驻长航军代处

1919 年，日清汽船株式会社（日清公司）在华船舶吨位、航线规模均超过怡和、太古等老牌英资企业，航运业务形成江海联运线。1909 年的《汉口全图》及其他历史图片显示，日清公司在十余年间相继在汉口建成办公楼及多座仓库。至 1926 年，已形成完整的仓库建筑群。1950 年，日清公司仓库成为湖北省粮油、服装仓库，制衣厂和职工宿舍。

日本日清公司仓库旧址建筑通过窗间墙和壁柱作竖向划分，设大玻璃窗，檐口处设精致装饰线脚，立面简洁。为武汉早期工业建筑。

俄商新泰茶厂水塔旧址

地址： 原俄租界列宾街，今兰陵路 5 号（市纺织局宿舍区内）

结构： 砖木

规模： 地上 3 层，建筑面积 176.61 平方米

建筑时间： 约 1905 年

保护等级： 湖北省文物保护单位

清末新泰茶厂（红色箭头指向新泰茶厂水塔）

汉口开埠后，俄商在汉口开办新泰茶厂，采用蒸汽机、水压机制作砖茶。新泰茶厂水塔地处新泰茶厂厂区中，其建筑在申报武汉市优秀历史建筑时，被认定为申新四纺织厂职员宿舍。2015 年 12 月，经人文武汉志愿者邓伟明先生调查考证，此建筑应为新泰茶厂水箱楼。在清末新泰茶厂照片中，该水箱楼清晰可见。今天，水箱楼后用于检修设备的楼梯仍存。经湖北省政府批准，水箱楼更名为“俄商新泰茶厂水塔”，成为“万里茶道”上俄商新泰茶厂在汉的珍贵遗存。

水塔外墙为红砂条石立柱，青、红砖拱券门窗，各层楼面以条石、红砖线条装饰，外墙有纵三横四拉杆，以铁块固定。建筑呈长方形，设计精巧牢固，风格独特。

十二、宗教建筑

古德寺

地址：上滑坡路 74 号
结构：钢混
规模：圆通宝殿为 1 层，占地面积 1120 平方米，高 16 米
建筑时间：1934 年前
保护等级：全国重点文物保护单位
现房屋所有权人：武汉市佛教协会

古德寺

古德寺由隆希和尚始建于1877年，原名古德茅蓬。“古德”二字源自“心性好古，普度以德”的修持仪轨。1905年扩建，1914年龙波和尚将其改为丛林，取名“古德禅寺”，龙波和尚为首任方丈。1916年建天王殿、客堂、斋堂、寮房、方丈、禅堂、觉幻舍。1921年开始建大雄宝殿、观音堂、云水堂，历时13年方成。古德寺为武汉地区四大丛林之一。该寺坐东向西，山门上原有黎元洪题写的“古德禅寺”匾额。大雄宝殿（圆通宝殿）为钢筋混凝土结构。殿内正中供奉释迦牟尼、药师、弥勒三尊佛像，像后为西方三圣，左右为“二十五圆通”及文殊、普贤菩萨像。辛亥革命阳夏战争时，该寺僧众救护伤员，掩葬烈士遗体。1931年武汉遭遇大水，该寺捐出古树抗洪，寺内至今无百年老树。“文革”时该寺关闭，改为武汉照相机厂生产车间。1986年恢复宗教活动。1997年，原清济寺演顺法师带领四十余比丘入住古德寺，晨钟暮鼓，磬鱼梵呗之声再起。

古德寺老照片

圆通宝殿平面呈正方形，门廊呈三角形，分两层朝后递收，烘托顶部高耸山花，以古罗马建筑风格强化宝殿正面的宗教神秘感。贝叶形拼饰的火焰券门楣，是南传上座部佛寺的典型特征。大殿为全外廊式，立面为爱奥尼柱式加哥特式拱券，拱券上方有一大二小圆形窗花，屋檐装饰体现东西建筑风格的完美结合。殿顶有九座高低错落的佛塔（象征五佛、四菩萨），佛塔为西式攒尖亭，尖顶为“十”字形，横向为禅杖。殿顶四周 96 个莲花墩源自中国传统的望柱，寓意“国之四维，天圆地方”。每隔四个莲花墩设一尊天神，共 24 位，又称二十四诸天。建筑正面两侧有一个由狮子、大象、大鹏金翅鸟组合而成的守护神图案，极具印度、缅甸地域特色。古德寺建筑风格取法于 2500 年前印度摩羯陀王国的阿难陀寺，唐朝玄奘西行取经，曾在该寺学习佛法。该建筑风格由印度传入缅甸，再由缅甸传入中国，古德寺为汉传佛教唯一一座、世界仅存两座之一的阿难陀寺风格佛教建筑。

汉口东正教堂

原有名称： 阿列克桑德聂夫堂

地址： 原英租界鄱阳街，今鄱阳街 48 号

结构： 砖石

规模： 地上 1 层（地下有地宫），建筑面积 212.32 平方米

建筑时间： 1893 年

保护等级： 湖北省文物保护单位

现房屋所有权人： 武汉市江岸国资公司

1935 年的阿列克桑德聂夫堂

俄国皇太子尼古拉莅临汉口图

1876年5月2日，在汉俄国茶商因宗教活动需求，让彼特·波特金从俄国运来建材建教堂，1885年俄驻汉副领事伊望诺夫出资将其改建为砖木结构教堂，竣工后北京俄国东正教总会派修士大祭司尼可莱伊·阿多拉兹契来汉举行开堂仪式，将此教堂定名为“阿列克桑德聂夫堂”。1891年，俄皇太子尼古拉亲临，许诺捐赠一座教堂，1893年新教堂建成（即现存汉口东正教堂）。1896年，俄东正教教务会议指示沙士丁神父为该堂首任祭司。20世纪50年代，苏联将前俄国东正教在华不动产转交中国东正教会，1955年由中国籍杜弼宁、德树志接任该堂神父。1958年，德树志神父申请东正教徒参加基督教联合礼拜，结束该教在汉历史。2013年，根据中国长江中上游地区和俄国伏尔加河沿岸联邦区地方领导人座谈会精神和省政府要求，武汉市政府拨款三百六十余万元对汉口东正教堂进行修缮。2014年10月，武汉市江岸国资公司完成修缮工程。

该堂为集中式建筑形制，运用拜占庭穹顶和拱技术，底层墙面由多向透视拱券组成，外部采用壁柱、拱券和雕刻精细的线脚作装饰。上层平面呈六边形，接六坡攒尖屋顶，绿色铁皮屋面，上有宝顶，外部轮廓富有变化。属典型俄罗斯风格教堂建筑。

法国堂

原有名称：圣母无染原罪堂
地址：原法租界河内街，现车站路 25 号
结构：砖木
规模：地上 2 层，建筑面积 380 平方米
建筑时间：1911 年
保护等级：武汉市优秀历史建筑
现房屋所有权人 / 使用人：武汉市天主教会教务委员会

1910 年，湖北教区田瑞玉主教委派法籍教士丁寿建法国堂，1911 年建成，以无染原罪圣母为主保，并以此为堂名。因其专供法国侨民和法国船舰水手、海军陆战队队员使用，故亦称“贵族堂”。1924—1925 年，华中地区天主教汉口教区在其右侧修建账房（经理处）。武汉沦陷时期法租界成“孤岛”，此处曾接纳少量富裕华人。1951 年教会开始改革，1953 年 8—9 月，教堂被封，改作仓库。2010 年后由武汉民用建筑研究院修缮，原锌皮屋面改换为青色机制瓦。2014 年 12 月 8 日法国堂修缮完工，举行“开堂”仪式。教堂占地三百余平方米，平面呈“十”字形，立面用尖券门窗，设三角棱小尖塔、华盖，内部蓝色天花饰白色满天星，属哥特式建筑风格。

汉口美国海军青年会旧址

地址：原俄租界铁路街，今黎黄陂路 10 号
结构：砖木
规模：地上 4 层、地下 1 层，建筑面积 1547 平方米
设计单位 / 人：景明洋行
施工单位 / 人：康生记营造厂
建筑时间：1915 年
保护等级：湖北省文物保护单位
现房屋所有权人：武汉市基督教青年会

1915 年初建时的楼房正面

美国海军青年会是以宗教活动联系青年职工的团体，后发展成标榜“德、智、体、群”四育的活动机构，借以传播美国生活方式。其服务对象为美国舰船上的军人、海员以及侨民。新中国成立后，该楼曾作为武汉市人民武装部办公楼，现为武汉基督教“三自爱委会”办公地。

建筑设地下室和屋顶暗层，正立面纵向三段划分，中部设主入口，通过十数级台阶直上二楼。主入口处用爱奥尼克柱强化，第一、二层设外廊，两侧对称布置，外墙用灰砂砖砌筑，红瓦坡屋面借用法国方穹窿设计。属巴洛克风格建筑。

圣教书局旧址

地址：原英租界鄱阳街，今鄱阳街 49 号

结构：砖木

规模：地上 3 层，建筑面积 2759.02 平方米

建筑时间：1911 年

保护等级：武汉市优秀历史建筑

现房屋所有权人：珠海华发置业发展有限公司

修复后的建筑侧立面

民国时期的圣教书局（右一）

1861 年，英国基督教新教教派伦敦会进入汉口，传教士杨格非与英基督教循道会牧师郭修礼捐资成立圣经会，专门制作宗教印刷品传播神学。1876 年，圣经会分为圣教书局和书会，前者管印刷业务，后者管出版发行业务。圣经会初设于花楼街仁济医院内，1892 年 1 月遇火灾，迁至新大楼（今鄱阳街与青岛路交会处）。1907 年又遇大火，在废墟对面购地建楼（今鄱阳街 49 号），1911 年落成。圣教书局使用英国印刷设备。武汉沦陷后，圣教书局被日军接管，改名华中印书馆，出版汉奸报纸《华中报》。抗战胜利后，教会收回书局，继续原有业务至 1949 年。

圣教书局旧址建筑属欧洲新古典主义风格，掺杂法国文艺复兴、巴洛克、洛可可建筑风格。对称布局，主入口设底层正中，立面三段式构图，门斗设精美线条装饰。

汉口上海路天主堂

原有名称：圣若瑟堂
地址：原英租界怡和街，今上海路 16 号
结构：砖木
规模：1 层，建筑面积 1186 平方米
施工单位 / 人：孙裕泰建筑厂
建筑时间：1875 年始建，1876 建成
保护等级：湖北省文物保护单位
现房屋所有权人：武汉市天主教教务委员会

1865 年，天主教湖北代牧区主教、意大利方济各会会士明位笃由应城移驻武昌。1870 年因教区分拆，明位笃改任鄂东代牧区（辖区包括武昌、汉阳、黄州、德安、安陆 5 府）主教。1874 年，明位笃委托意大利籍传教士江成德设计和督造圣若瑟堂，1876 年建成，工程耗资

1875 年建成时的圣若瑟堂

圣若瑟堂

12 万法郎。1899 年加修左右侧楼，教堂可同时容纳 4000 人，为武汉教堂规模之最。1923 年，罗马教廷将鄂东代牧区划分为汉口代牧区和武昌、汉阳、蒲圻监牧区，汉口代牧区管理汉口、黄陂等 11 个县教务，主教府设圣若瑟堂。1944 年底美军空袭武汉，圣若瑟堂中梁及后侧钟楼被毁，希贤主教等人被炸死。1946 年汉口代牧区升为汉口总主教区，总主教罗锦章，1947 年教友筹资修复教堂。1952 年 9 月罗锦章因违反中国政府法令被驱逐出境，由中国神职人员刘和德、杨少怀、董光清任代主教，1958 年董光清被选为汉口总主教区主教。“文革”中教堂被其他单位占用，1980 年 4 月恢复宗教活动。

该堂以罗马耶稣会教堂为蓝本，采用拉丁十字巴西利卡式长方形大厅，纵面柱子将大厅分隔几个长方形空间，中央设大厅堂。后部为圆拱，正殿后左、右两侧有圆形塔式钟楼。属巴洛克风格建筑。

西本愿寺出张所旧址

地址：原德租界奥古斯塔街，今一元路 6 号

结构：砖木

规模：地上 2 层，2 栋。前栋建筑面积 1000.32 平方米，后栋建筑面积 279.54 平方米

建筑时间：1906 年

保护等级：武汉市优秀历史建筑

现房屋所有权人：武汉市江岸国资公司

此楼原为美国圣公会房产，早期被日本人租用办学校。佛教净土真宗本愿寺（西本愿寺）是日本宗教派系，1906 年 10 月 8 日，西本愿寺派护城慧猛等来汉，在法租界河街租房传教。1907 年，西本愿寺出张所（即办事处，为日本国外传教机构）迁德租界胶州路华景街一侧（今二曜小路靠中山大道一侧）。1938 年 10 月，西本愿寺出张所被准备撤离的中国军队炸毁。1938 年 12 月，西本愿寺出张所返汉，设于四民街 45 号（原唐生智公馆）。1939 年 5 月，

西本愿寺出张所旧址建筑外墙及山花

1920—1937 年的汉口山崎街 2 号西本愿寺

四民街 45 号被伪武汉特别市政府征用，作为交换，西本愿寺出张所迁移（至今一元路 6 号）。西本愿寺除烧香拜佛、超度侵华日军亡灵，还为日本侨民和日军在华阵亡军人设立“中国支忠灵显彰会残灰奉安所”（骨灰存放处）。1943 年西本愿寺出张所迁汉口湖南路 31 号（今胜利街武汉海事局处），1945 年日本投降后终结在汉活动。中华人民共和国成立后，一元路 6 号设武汉市公安局八处，20 世纪 60 年代一楼为武汉市政府办公点，20 世纪 70 年代成为民居。

西本愿寺出张所旧址建筑外立面为红、青砖混搭清水墙，细部砖砌线条及拼花。通透式主入口，半圆形拱窗，两侧房间对称布局，屋顶山花精雕细琢。属古典主义建筑。

汉口信义公所旧址

地址：原俄租界鄂哈街，今洞庭街 77 号
结构：钢混
规模：地上 6 层，建筑面积 5796.16 平方米
设计时间：1923 年
设计单位 / 人：德商石格士建筑事务所
施工单位 / 人：汉协盛营造厂
建筑时间：1923—1924 年
保护等级：武汉市优秀历史建筑
现房屋所有权人：武汉市基督教三自爱国运动委员会

信义公所标识

信义公所原貌，顶楼造型带有宗教色彩

信义公所，原名信义差会公寓和经理处，亦称汉口信义中心。最初由传教士魏国伟主持，由豫鄂、湘西、陕南信义宗差会和北行道会、南行道会（瑞典行道会）等 8 个单位组成，设董事会管理，湖北定道会传教士韩卫道牧师为常任经理。公所为传教士或差会提供贸易、银行事务服务，为传教士、外侨、外商提供寄寓等服务。宋美龄等人路过武汉时，曾寓居于信义公所。武汉沦陷后，信义公所建筑被日本特务部占领，抗战胜利后复原。1951 年 1 月，信义公会响应中国基督教三自爱国运动委员会号召，改组为中国基督教信义会，全国总会办事处设汉口胜利街 176 号，信义公所建筑归全国总会办事处管理。信义书局曾在一楼经营英、美等国出版的宗教及文艺类书刊，如美国《生活杂志》《读者文摘》等，还经营武汉大专院校外文教学用书，经理为传教士慕天恩。1949 年 8 月 15 日书局停业。后来，该大楼被武汉市物资局使用至 20 世纪 90 年代。

大楼为新古典主义建筑风格。1970 年曾发生火灾，修整后立面发生改变。

格非堂（基督教荣光堂）

地址： 原云樵路，今黄石路 26 号

结构： 砖木

规模： 地上 2 或 3 层，建筑面积 1190.89 平方米

施工单位 / 人： 建安营造厂

建筑时间： 1931—1932 年

保护等级： 武汉市优秀历史建筑

现房屋所有权人： 武汉市基督教三自爱国运动委员会

格非堂内景

格非堂老照片

汉口基督教格非堂建于1931年，为纪念英国基督教伦敦会牧师杨格非（Rev Griffith John）百年诞辰而建，在汉口“模范区”云樵路（今黄石路）用教会的53000元募捐款修建，于1932年落成。其前身是杨格非创立的江汉路花楼总堂。杨格非是基督教英国伦敦会派遣到湖北地区的第一个基督教传教士，他以汉口为据点，传教五十余年，是清末民初武汉地区基督教传教士的代表人物。1938年3月6日，冯玉祥、孔祥熙、钟可托及王宠惠等以基督徒名义，在格非堂发起成立全国基督教联合会，推蒋介石为名誉会长，号召全国基督徒联合一致抗日救国、抗战到底，提出基督教徒抗日救亡的六项使命，并成立基督教负伤将士服务协会，服务协会足迹遍及鄂、豫、陕、皖、赣等省。武汉沦陷后，格非堂被日军占用，遭到损坏，被改为日本庙宇，取名“皇民道场”，存放日本人骨灰。格非堂内教士迁入湖南街懿训中学，同时开办懿训公寓（难民收容所），后又借圣保罗堂开展宗教活动。1946年秋，汉口懿训女子中学复员，在格非堂上课一年多。1951年12月23日格非堂正式更名为荣光堂，取“在天上有和平，在至高之处有荣光”之意。1980年10月30日感恩节举行复堂礼拜，格非堂恢复正常宗教活动。2010年，武汉市基督教协会对荣光堂进行全面维修。

格非堂属哥特式建筑，红砖清水墙，门、窗采用哥特式建筑特有的尖券，强调竖线条，窗和墙形成强烈的虚实对比，极富韵律感。底层用突出腰线勾勒，正中窗划分线与屋顶十字架相呼应，烘托出特有的宗教气氛。内部经多次整修，保存较好。

第二篇　纪实篇

一、历史建筑保护性修缮

重现汉口中共中央宣传部旧址暨瞿秋白旧居的红色印痕

汉口中共中央宣传部旧址暨瞿秋白旧居位于汉口江岸区吉庆街126号（原辅义里27号），建于20世纪初，为砖木结构石库门建筑，是1927年3月时任中国共产党第四届中央执行会委员瞿秋白主持中宣部工作时的办公室兼住宅。

汉口中共中央宣传部旧址暨瞿秋白旧居

2016 年 1 月 29 日，汉口中共中央宣传部旧址暨瞿秋白旧居陈列馆开馆

2010 年 8 月，武汉市召开专家论证会，认定辅义里 27 号为中宣部旧址。2013 年 3 月，汉口中共中央宣传部旧址暨瞿秋白旧居被国务院公布为全国重点文物保护单位。2014 年，江岸区委、区政府按照“修旧如故”的原则，投入 1800 万对旧址房屋进行加固和保护性整修，并由长江日报全媒体运营中心设计布展。2016 年 1 月 29 日，在瞿秋白同志诞辰 117 周年纪念日之际，汉口中共中央宣传部旧址暨瞿秋白旧居陈列馆正式开馆。陈列馆建筑面积 943.3 平方米，展馆面积 400 余平方米。陈列内容包括瞿秋白来汉前的经历、在汉工作情况、离汉后革命活动以及主持中宣部工作的生活场景等部分。馆内展示着大量文献资料，包括历史照片、瞿秋白手稿等。瞿秋白主持中宣部工作时，中宣部内设宣传科、鼓动科、出版科、图书馆、长江书店、长江印刷所等。王明曾在这里任中宣部秘书，毛泽民为长江书店创始人，后来任中共武汉市委第一书记的宋侃夫当时是中宣部干事。

瞿秋白牺牲时年仅 36 岁，他的生命虽然短暂，但时至今日，人们依然能感受到他的伟大与崇高。瞿秋白在武汉留下的革命足迹，是他光辉人生的重要组成部分。

图为瞿秋白卧室兼办公室。在这里，瞿秋白主持印刷了大量革命书籍，使当时的中共中央宣传部成为“理论播种机”与“革命发动机”

图为陈列馆馆藏油画。1927 年 4 月，瞿秋白在毛泽东《湖南农民革命（一）》（《湖南农民运动考察报告》）的序言中写道：“中国的革命者个个都应当读一读毛泽东这本书，和读彭湃的《海丰农民运动》一样。”

汉口中共中央宣传部旧址暨瞿秋白旧居陈列馆现已成为爱国主义教育活动基地

武汉剧院文物保护工程

武汉剧院，地处汉口解放大道旁、循礼门东侧，由湖北工业建筑设计院设计，1959 年 10 月建成，建筑面积约一万平方米。武汉剧院建成至今，为召开武汉市党政大型会议与开展国内外大型文艺演出的重要活动场所之一。1965 年，大型音乐舞蹈“史诗”《东方红》在此上演。1988 年 5 月，全国政协主席李先念在此欣赏文艺演出。2011 年，武汉剧院被列为武汉市文物保护单位。

武汉剧院建筑属苏联式建筑风格，具有时代烙印，为钢筋混凝土结构。1963 年至 2009 年，武汉剧院进行了多次维修改造。2019 年，武汉剧院文物保护工程立项，该工程遵循“修旧如故”原则，对剧院的配电、水暖、消防、安防、舞台等设备进行保护性整修，在主体建筑外墙及观众厅内饰等处的维修上力争“物归原貌”。该工程于 2020 年 10 月动工，2021 年 7 月完工，2022 年 5 月通过验收。

图为 1959 年即将建设完成的武汉剧院。武汉剧院由湖北工业建筑设计院（今中南建筑设计院）设计师何浣芬主持设计，何浣芬后来担任过武汉市副市长

武汉剧院是武汉市“最年轻的文物”，是武汉市民心目中的“武汉人民大会堂”，是普通百姓亲近艺术的文化殿堂，是目前少有的保持原有功能的历史建筑。现在，武汉剧院仍以朝气蓬勃的姿态呈现在人们面前。

1965 年 4 月，周恩来和陈毅在武汉剧院观看《东方红》演出后接见演员

武汉剧院有苏联建筑风格的装饰，同时有中国传统建筑的雀替、额枋等要素

2020 年 10 月，武汉剧院文物保护工程正式开工，此次工程主要包括一栋主体建筑和三栋附属建筑，着重于功能提升、体验提升，是武汉剧院有史以来规模最大、投资金额最多、工期最长的一次维修

武汉剧院舞台设备、候演厅及消防、配电、空调等设备得到升级改造后，功能得到明显提升

此次工程对 1418 个座位和地面水磨石进行了更换，座椅上新增了电子投票系统

2022 年，经过整修的武汉剧院以朝气蓬勃的姿态呈现在人们面前

精雕细琢巴公房子

“大巴公房子”与“小巴公房子”百年后“联姻”

巴公房子位于黎黄陂路与兰陵路之间的三角地带，由大巴公房子、小巴公房子各一座组成。大巴公房子建成于1910年，现为湖北省文物保护单位，并被国家文物局列入《中国世界文化遗产预备名单》。巴公房子外观严谨对称，内部有围合式三角形天井，内设许多套间，每套配备卧室、起居室、卫生间、厨房、凉台，走廊铺大理石马赛克地坪，房间有木地板、木墙裙和壁炉。新中国成立后，巴公房子收归国有，相继住进138户人家，内部隔出437个房间，局部被住户改装，楼房内部结构及外部面貌均发生了较大改变。

巴公房子的外墙由 56 万块清水红砖砌成，一楼红砖厚度为 70 厘米，逐层变薄，至四楼厚 20 厘米。施工人员剥离了砖面杂物后遵循“最小干预”原则，将老砖送至同济大学材料力学实验室对配料、强度、色泽进行检验，采用同配比砖粉修复砖面，56 万块巴公房子红砖见证了历史的风云变幻

木质构件上，“新技术旧用”。拥有百余年历史的巴公房子，木制门窗上原本使用的是黄铜配件，但在改造过程中，如果在窗户合叶上使用黄铜螺丝钉，易使木质材料断裂。所以，此次施工，采用不锈钢螺丝钉，上涂黄铜涂料，最大程度保证木质构件不受损害

2020 年 11 月 28 日，武汉市启动巴公房子保护性改造工程，总投资 1.4 亿元。根据规划，在保持历史建筑特色、不破坏本体结构的基础上进行活化利用，内部空间改造为巴公邸酒店，酒店内设置展示汉口茶叶商贸繁盛历史的万里茶道博物馆，向公众免费开放。巴公房子所在片区则将被打造成为汉口城区重要的文创街区、历史文化展示区。巴公房子保护性改造工程中的“改造”主要体现在活化利用上，“保护”则主要体现在精雕细琢的修整上。施工人员“螺蛳壳里做道场”，将这座老建筑的墙体、门柱、门窗、楼梯、铸铁篦子等构筑件进行精致修复，在武汉古建修复工程领域留下了浓墨重彩的一笔！

楼内经修复的木质楼梯扶手、踏板。在改造过程中，巴公房子得到现代技术支撑，以保留原有的古朴面貌

门柱使用水刷石工艺。巴公房子颇具欧洲风格的石头门柱十分粗壮，有的两人才能合抱，在改造中若仅简单刷漆，容易“毁于一旦”，所以此次改造，巴公房子的门柱使用了水刷石技术，“修旧如故”，保持了文物的本来面貌

“437”变身“29”。巴公房子内的 437 个房间被恢复为 29 套公寓，在为其“去伪存真”时，保证了内部 3.2 米的层高。为让老建筑适应现代生活需要，增设了排水管道、强弱电管道、空调、无障碍电梯等现代化设施

靠近黎黄陂路的小巴公房子与靠近兰陵路的大巴公房子原本不连通，根据消防要求，在此次改造中，增加了它们之间的通道，使它们每一层都连接在一起。

修复汉口东正教堂

图为修缮后的汉口东正教堂

汉口东正教堂原名阿列克桑德聂夫堂或阿列克桑德涅夫堂，又称俄国东正教堂，建于1893年，具有鲜明的俄罗斯建筑风格，是中俄经济贸易的见证，具有重要的历史研究价值、艺术价值。该教堂位于鄱阳街48号，为湖北省文物保护单位。2013年5月，中俄双方在湖北举办中国长江中上游地区和俄国伏尔加河沿岸联邦区地方领导人座谈会后，武汉市决定修复汉口东正教堂。修复工程由武汉市江岸国有资产经营管理有限责任公司承担，当时的湖北省文化厅古建筑保护中心为修复工程设计单位。

施工方寻找到汉口东正教堂19世纪末至20世纪中叶的照片8张，以此作为参考，确定了教堂主建筑原来的高度，清除了多余的部分

维修中的汉口东正教堂。工程对室内外墙体进行了加固，经过调查，确定其金属屋面为墨绿色，教堂内部采用优质杉木，对残损木构件进行替换，同时进行防虫、防腐、防火处理

修复前，东正教堂已关闭多年，它曾被用作仓库、酒吧、婚庆场所等，周边搭建有附属建筑。其外墙已色彩杂乱，彩色玻璃、金属屋面及“洋葱头”穹顶均不存。修复工程按照《中华人民共和国文物保护法》等法律法规要求，制定了“尽可能减少干预，保存现存实物原状、历史信息及建筑原有的传统工艺”的修缮原则。其中，剥离攒尖顶表面附着的水泥层、恢复教堂穹顶是重要目标。经过科学细致的施工，工程完工后，建筑安全隐患得以消除，历史信息得到最大程度保护，周边环境得到较大改善。2015 年 8 月 4 日，该工程通过湖北省文物局专家组验收，8 月 6 日，俄罗斯总统驻伏尔加河沿岸联邦区全权代表巴比奇一行出席了汉口东正教堂修复竣工仪式暨“武汉中俄文化交流馆”揭牌仪式。

恢复“洋葱头”穹顶是本项工程的重点。2014 年 1 月，施工方依据俄罗斯专家伊利英娜女士发来的图纸设计了穹顶内部，但图纸上穹顶外观与教堂历史照片中的外观差异较大，工程施工方最后依据历史照片及穹顶基座的数据，对穹顶外观进行了设计

正立面

背立面

汉口东正教堂设计图纸。2014年6月，俄方提出将已完成的“洋葱头”穹顶运往武汉安装。俄方制作的穹顶按照俄罗斯东正教堂标准设计，与汉口东正教堂原有穹顶外形有明显差异，基座也不完全相同。根据我国文物保护“不改变文物原状”的原则，修复工程最终选择了最接近汉口东正教堂历史原貌的穹顶方案

侧立面

2015 年 8 月 6 日，俄罗斯总统驻伏尔加河沿岸联邦区全权代表巴比奇一行出席了汉口东正教堂修复竣工仪式暨“武汉中俄文化交流馆”揭牌仪式

养护汉口上海路天主堂

上海路天主堂又称圣若瑟堂，建成于1876年，是天主教在武汉传播的历史见证。该堂为砖木结构，位于汉口上海路16号，建筑整体坐北朝南，前殿为一层，西侧有一座钟楼。附楼为四层，建筑面积2198.05平方米，原为修士居所。该堂现为湖北省文物保护单位。

1865年，天主教湖北代牧区主教、意大利方济各会会士明位笃由应城移驻武昌。1870年因教区分拆，明位笃改任鄂东代牧区（辖区包括武昌、汉阳、黄州、德安、安陆5府）主教。1874年，明位笃委托意大利籍传教士江成德设计和督造圣若瑟堂，1876年建成，工程耗资12万法郎

1944年武汉沦陷时期，上海路天主堂遭飞机轰炸，毁坏严重，1947年修复。此后分别于1956年、1980年、2004年进行大修。此后，教堂主楼和附楼的屋面、内外墙、地面，出现了开裂、脱皮、斑驳、污损等问题，威胁到建筑整体安全。2020年，武汉市启动上海路天主堂养护工程，施工方按照相关法规要求，在不改变文物原状、尽可能减少干预、最大程度保护历史信息的基础上，对教堂进行大规模修复，保存了建筑的原貌和完整性。修复后的上海路天主堂显得坚固而整洁。

左、右图分别为上海路天主堂修复后的外景图与内景图。上海路天主堂门窗材料为印度红木，主楼内部以拱形穹顶和交叉拱顶支撑，结合镶嵌有彩色玻璃的长窗，具有很高的建筑艺术价值

左图为希贤（意大利籍），右图为上海路天主堂右侧钟楼。武汉沦陷时期，因一位美国飞行员被日军抓获后遭到羞辱并杀害，1944 年 12 月，美军报复性轰炸汉口青岛路一带，将上海路天主堂主楼左部、左边钟楼及修士居所炸毁。时任主教希贤、中国籍神父廖若瑟被炸死。

图为上海路天主堂轴立面图。2020 年，武汉市启动上海路天主堂养护工程，对损伤的建筑进行修复，最大程度保存了建筑原貌

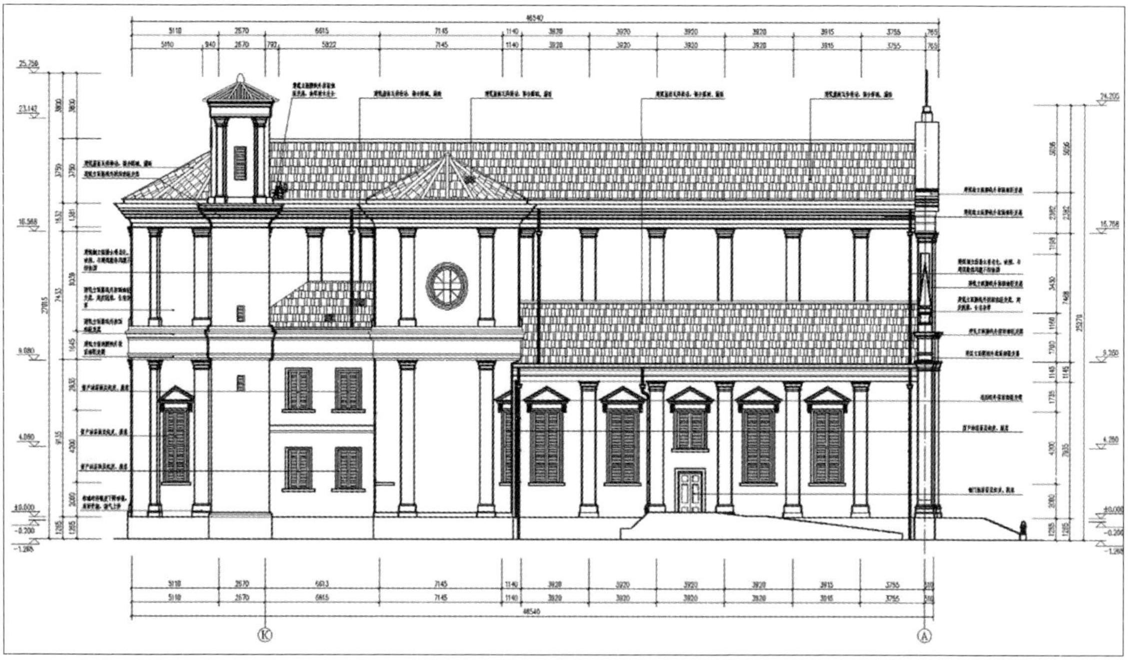

图为上海路天主堂右侧轴立面图。养护工程为建筑增设了给排水、电气、防火防雷设备，并进行了防虫、防腐等维护

二、工业遗产建筑保护性修缮

平和打包厂旧址的蜕变

平和打包厂旧址地处青岛路 10 号，始建于 1905 年。1918 年、1933 年及新中国成立初期多次扩建，形成 A、B、C、D、E、F、G 等 7 个建筑区域，总建筑面积约 32808 平方米，是武汉现存规模最大的早期工业建筑群，为武汉市文物保护单位。新中国成立后，平和打包厂房屋曾被作为武汉市国营商业储运公司青岛路仓库，因紧靠长江，在仓储、运输方面举足轻重。随着改革开放的深入和长江黄金水道的衰落，其仓储、运输功能逐渐丧失。经过相当长时间的搁置，建筑年老失修，风化严重。由于改造频繁，非文物部分增至两千多平方米。2009 年 7 月，武汉市政府批准实施青岛路片历史街区保护与更新项目，武汉市江岸国有资

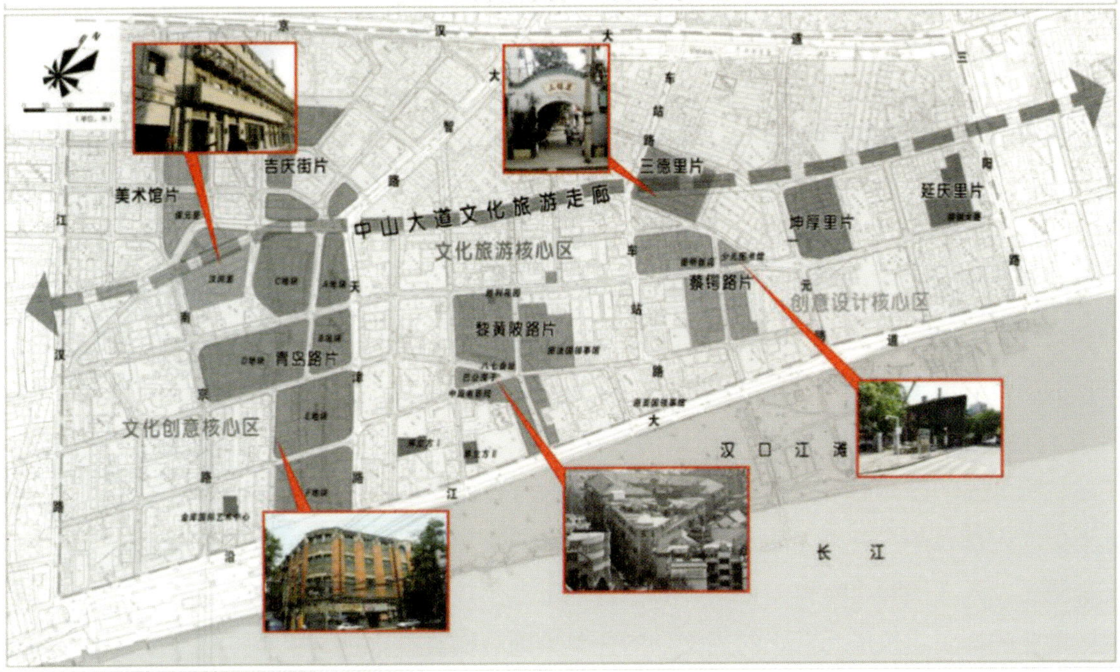

图为汉口文创谷规划图。在武汉市第三批“创谷”的 13 个建设项目中，汉口文创谷是唯一一个历史街区文创谷

图为改造前的平和打包厂旧址。平和打包厂旧址因长年遭受风雨侵蚀，建筑老化严重，多年的乱改乱建使文物建筑发生改变，对建筑结构的完整性和坚固度产生影响

产经营管理有限责任公司承担平和打包厂旧址建筑的保护性施工项目。2017 年 3 月，汉口文创谷项目一期工程启动，江岸区对本区优秀的建筑空间——平和打包厂旧址率先实施项目施工，预期将青岛路片 E 地块改造成为武汉文创谷中首个亮点工程。工程施工方对建筑群实施结构加固、墙体修复、配套设施安装等保护性修缮，在最大程度保留建筑历史价值的基础上更新内部设施，实现了平和打包厂旧址的蜕变。2019 年 1 月 16 日，江岸国资公司完成工程施工，人人视频、阿里云创新中心、武汉十点半等文化创意企业扎堆入驻，使武汉中心城区重要的历史建筑成为武汉时尚文创产业集聚地、网红打卡地。平和打包厂旧址保护修缮与再利用工程因对文物建筑的修缮遵循了最小干预原则，增强了历史工业建筑群与当地社群的关系，在保护与利用之间实现了平衡，荣获 2019 年度联合国教科文组织亚太地区文化遗产保护奖荣誉奖。

图为平和打包厂旧址建筑群改造完成后的全貌。平和打包厂旧址位于青岛路片历史街区内，是武汉市现存规模最大的钢筋混凝土结构早期工业建筑

图为平和打包厂水箱照片。平和打包厂楼顶水箱曾是建筑物的最高点，是整个楼群的标志性建筑，在改造工程中，这个水箱被完整保存下来

和平打包厂旧址

平和打包厂由上海协胜盛营造厂建造，使用“阜成”砖。阜成砖由原武汉阜成砖瓦厂制造，汉口许多优秀历史建筑上有着“阜成”标志。改造工程中得到精心改造的“阜成”墙已成“平和”的记忆之墙

平和打包厂旧址中仍保存着英国人制造的消防喷淋系统和供水阀门、压力表等

平和打包厂旧址内保留了曾经的标语、语录等，将建筑的年代感以独特的方式展示出来，留下了浓重的岁月痕迹

UNESCO
Asia-Pacific Awards for
Cultural Heritage Conservation
2019

The conservation of the Liddell Bros. Packing Plant contributes to preserving China's richly diverse industrial heritage, celebrating an early 20th-century architectural typology that is rapidly disappearing. The project team was able to successfully balance the protection of its historical significance with modern requirements for its current and future use. The project is notable in its respect for the site's former state, taking the approach of minimal intervention as seen in the careful repairs and the retention of the building's historic patina. The project creates a public place that rehabilitates and enhances the relationship of the former industrial complex to the local community, offering a vibrant hub for programmes associated with Wuhan's status as a UNESCO Creative City of Design.

Honourable Mention

Liddell Bros. Packing Plant
Wuhan, China

Owner:
Jiang'an State Assets Management Co., Ltd.

Organizations/Individuals Responsible for the Project:
Wang Hao; Gong Jianhua

Architect / Designer / Consultant:
Xiao Wei; Qi Wei; Wang Yiying; Wang Xiang; Li Yuting; Zhang Xi; Yang Wei; Zhang Genghua; Song Yi; Wen Siqing; Zhong Xun; Zhang Si; Li Jingjing

General Contractor:
Wuhan Anfang Architectual Engineering Co., Ltd

平和打包厂旧址保护修缮与再利用工程荣获 2019 年度联合国教科文组织亚太地区文化遗产保护奖荣誉奖。上图为工程组织方、施工方在获奖现场，下图为获奖证书

为“万里茶道”存照——发现新泰茶厂水塔

中国的茶文化历史悠久，到了 17 世纪，中国的茶叶已经远销至俄国甚至整个欧洲。俄国商人是最早进入湖北的外国商人，他们在汉口开埠之前就取得了在中国境内购买茶叶的特权。汉口开埠前后，俄商在湖北设砖茶厂，制售砖茶，1873 年后相继在汉口设厂，采用机器压制砖茶，再通过长江水道及海运，将砖茶远销至俄国等欧美国家。

新泰茶厂在汉口兴建后，曾使用蒸汽机制砖茶，因动力源于水蒸气，所以在厂区内筑有水箱。在清末新泰茶厂的照片中，该水箱可见。2015 年，江岸区房管局工作人员会同文保专家通过照片对比和现场勘查，最终认定兰陵路 5 号的三层楼房为原新泰茶厂水塔。该建筑外立面红灰交错，有红砂条石立柱，青、红砖拱券门窗，每层铺条石、红砖装饰，每层外墙设纵三横四拉杆，以铁块固定。建筑整体呈长方形，占地面积 176.61 平方米。1922 年，荣氏集团家族成员李国伟在汉创办申新第四纺织厂、福新第五面粉厂，后有这两个厂的高级职员在此楼中居住，因此此楼曾被称为汉口申新第四纺织厂职工宿舍。1953 年后，该建筑属武汉纺织局。新泰茶厂水塔是汉口“万里茶道”起点的历史见证，具有重要的历史价值。

武汉市群众艺术馆临合作路和鄱阳街的墙面上还详细记载着当年横跨中、蒙、俄三国的“万里茶道”盛况，汉口江滩刻有“顺丰茶栈码头”字样的门楼和包含十几组雕塑的“万里茶道”文化园，艺术再现了“万里茶道”的历史图景。2012 年，湖北省文物局发起“万

左、右图分别为湖北省文物保护单位顺丰茶栈旧址修缮前、后

在这张清末新泰茶厂的照片中，水箱所在楼紧贴烟囱，水箱可见

修复前的汉口兰陵路 5 号。此时，该建筑顶部水箱已被拆除

汉口江滩的“顺丰茶栈码头”门楼，这是“万里茶道”汉口起点的标志之一

里茶道”文化遗产保护与联合申遗倡议；2014 年，中俄两国“万里茶道”沿线城市达成“中俄‘万里茶道’申请世界文化遗产武汉共识”，武汉成为万里茶道申遗的牵头城市。2020 年 6 月，武汉市文化和旅游局正式启动“‘万里茶道’汉口节点申遗与保护管理策略研究课题”项目，为正式申遗文本和保护管理规划编制提供基础。在武汉，全民参与武汉历史建筑文保工作的热情不断“升温”，有效推动了武汉“万里茶道”的申遗工作。

大智门火车站重焕生机

大智门火车站主体建筑——候车厅

大智门火车站，又名京汉火车站，位于汉口京汉大道与车站路交会处。1903 年建成，占地面积 800 余平方米，建筑面积 1176 平方米。主楼坐西朝东，中部突出、两翼内收，呈“亚”字形，为砖混结构法国四堡式建筑。2001 年 6 月 25 日大智门火车站被列为全国重点文物保护单位，2019 年 4 月 12 日入选中国工业遗产保护名录。

大智门火车站曾是京汉铁路南端终点站，是中国近代铁路建设历程的重要见证。1991 年前，大智门火车站作为汉口火车站继续使用，随着 1991 年汉口火车站北迁至汉口金家墩新址，大智门火车站停止运营，建筑空置。

大智门火车站主楼四角筑有塔楼。主楼一层，内空高约 10 米，两侧为两层楼房，建筑十分考究。2003 年，大智门火车站进行屋面翻修，更换了腐朽门窗，重装了外墙勒脚石等。由于靠近武汉轻轨一号线，长期受轻轨震动影响，建筑出现墙体开裂，地面下沉，屋面局部渗水、空鼓等现象。2021 年 5 月，江岸区文化和旅游局申报的大智门火车站修缮工程立

大智门火车站候车厅内景

大智门火车站西南侧的大树树根延伸至围墙内，致使青砖地面隆起、破损，围墙开裂、倾斜，树枝伸至火车站屋顶、外墙上，对建筑安全造成威胁。江岸区有关部门联合行动，对树木进行了移栽，保障了文物建筑的安全

项，2021 年 9 月，国家文物局下发文件，同意大智门火车站修缮计划，要求“进一步明确大智门火车站后续功能，在修缮中统筹考虑必要的功能需求”。武汉市随即启动对车站主楼及周边建筑的保护性维修，施工方针对地基、墙体进行了加固，墙面、屋面进行防水处理，门窗和金属栏杆等构件进行修补、除锈及油饰处理，并清理修复了建筑周边的排水系统，使大楼整体结构得到加固。2022 年 6 月，江岸区文化和旅游局协调武汉地铁资源经营有限公司、江岸区园林局、江岸区车站街道办事处等部门，对车站范围内对建筑安全构成威胁的树木全部进行移栽，使这处国家级文物保护单位的建筑安全得到了保障，为其后续的保护性利用提供了良好条件。

活力永续的武汉工业遗产：武汉肉联厂

图为 20 世纪六七十年代的武汉肉联厂

武汉肉类联合加工厂简称“武汉肉联厂”，位于江岸路 12 号。新中国成立后，全国开始进行大规模工业建设，急需大量外汇以换取建设物资。中南地区生猪产量占全国总产量的三分之一，武汉水陆交通便利，中央人民政府决定在武汉兴建国内规模最大的肉类联合加工企业。1952 年武汉肉联厂筹建时，专家将厂区选在武汉城区长江下游，以避免污染城市。京广铁路从厂区内穿过，厂区内建有专用铁道线，与京广铁路接轨，在厂区紧靠长江航道的东南部建设专用码头。武汉肉联厂建设工程于 1958 年 3 月 10 日完工。从此，我国生猪屠宰由作坊式操作转为现代工业化运作。武汉肉联厂平均日宰生猪 6000 头，最高达 15785 头（1979 年 5 月 24 日），冷库冷藏量最大为 2.2 万吨。主要产品有鲜、冻猪肉，猪肉制品，生化药品，肉类加工机械等 6 大类，共 163 个品种。武汉肉联厂建厂之初，便利用生猪脏器和腺体生产出 54 种生化药物。武汉肉联厂历年生产名优产品 16 种，出口产品 48 种，产品远销至二十多个国家和地区，在全国商业系统内屡获嘉奖。该厂职工学校为全国培训技术或管理人员一千六百余名，并编辑出版《肉类工业》等期刊，提供行业信息。

图为1958年12月13日朱德视察武汉肉联厂。1957年至1985年的28年间，党和国家领导人朱德、王稼祥、王震、蔡畅、陈少敏等到厂视察。武汉肉联厂还先后接待了来自多个国家的210余批外宾

在计划经济年代，武汉肉联厂与武钢、武重、武汉长江大桥并称武汉市接待外宾的“四大家族”。武汉肉联厂曾只负责屠宰生猪，生猪销售则由武汉市食品公司负责，1984年生猪市场改革，武汉肉联厂一时难以适应，步入经营困难时期。1992年肉食品市场全面改革，武汉肉联厂一度陷入困境，此后10年连续出现巨额亏损，1998年被武汉市政府列为全市20家特困企业之一。面对困难局面，武汉肉联厂调整思路，经过考察，发现以低温冷库为基础的冷链物流产业蕴藏商机。2002年，由武汉肉联厂改制而成的武汉肉联食品有限公司成立，确定以冷储为主业开展经营，2003年结束亏损，2005年实现利润800万元。2007年，武汉肉联公司与武汉万吨冷储物流进行战略重组，当年肉类销售量达30万吨，销售额逾40亿元，居全国前列、华中地区第一。

武汉肉联厂厂房已被列入武汉市第一批工业遗产名录，2017年，肉联厂地块规划为工业保护用地和商业服务用地，其中工业保护用地约占五分之二，商业服务用地约占五分之三。

图为武汉肉联厂。1958 年 3 月 10 日，武汉肉类联合加工厂建成投产，厂区北至张公堤，东北临朱家河，东南临长江，与武钢隔江相望，占地面积 56 万平方米

武汉肉联厂

三、历史街区保护性修缮

武汉天地历史建筑的“再生”

武汉天地鸟瞰图

武汉天地位于武汉长江二桥旁，是2005年在江岸区政府主导下打造的国际高端服务业聚集区。该地曾为1898年日本在汉口开辟的租界区，全面抗战时期，八路军武汉办事处、新四军军部均设此地。1944年美军轰炸汉口，此地损毁严重。1945年抗战胜利后，日军、日侨撤离，其房产等被国民政府作为逆产没收，成为当时军、政、商界要人居所。永清片保留的老地名有因抗日将领而得名的刘家麒路、张自忠路、郝梦龄路、陈怀民路，为纪念当时被日军侵占之地而取名的沈阳路、大连路、抚顺路、山海关路、卢沟桥路、长春街等，原贯穿日租界的干道大和街，在抗战胜利后改名为胜利街。武汉天地老地名所蕴含的历史信息非常丰富。

2005 年 4 月，香港瑞安集团投资建筑武汉天地项目，该项目东邻沿江大道，南接卢沟桥路，西连京汉大道、解放大道，北与滨江苑毗邻，总面积 61.92 公顷，分为 A、B 两个地块。其中永清商务综合区一期（A 地块）东邻沿江大道、南接卢沟桥路、西连京汉大道、北临黄浦路，面积 29 公顷。武汉天地建设大量住宅、办公楼、酒店及零售、餐饮、娱乐等设施，商业氛围浓厚。此区域内历史建筑的再生更是令人耳目一新，具有借助历史资源助推经济发展与商业开发的典型意义。

永清片拆迁时，区域内发现了 22 幢历史建筑，其中 11 幢颇具历史价值，最终得以保留的历史建筑有：

（原）大华里门楼	（现）大华里门楼
（原）刘家麒路 7—13 号住宅、李石樵公馆	（现）武汉天地 3 号楼
（原）夏斗寅汉口公馆	（现）武汉天地 3 号楼
（原）刘家麒路 14—17 号	（现）武汉天地 3 号楼
（原）汉口明治寻常高等小学校教师住宅	（现）武汉天地 3 号楼
（原）长办 4 号宿舍楼	（现）武汉天地 5 号楼
（原）长办 5 号宿舍楼	（现）武汉天地 6 号楼
（原）长办 9 号宿舍楼	（现）武汉天地 8 号楼
（原）胜利街 289 号	（现）武汉天地附 8 号楼
（原）汉口明治寻常高等小学校校长公馆	（现）卢沟桥路 66 号

这些建筑主要分布在 A 地块，在新建区域与老街区相接的位置，A 地块现已被改建成商业步行街。走在武汉天地中，能看到一幢幢古朴的老建筑，新的环境延续了汉口的城市肌理，让老建筑与周边的区域顺畅衔接，城市的历史记忆融入现代生活，形成新旧交融的街区新貌。武汉天地是个商业开发项目，却为历史建筑和历史街区的再生与利用找到了一条路径，最终形成了兼顾经济发展与历史文化保护的策略。在这里，历史建筑不会是经济发展的窒碍，而是作为稀缺资源，具有特殊的经济价值和文化价值。武汉天地以历史建筑为特色，营造独特的历史氛围，使这里的经济发展异常活跃，截至 2022 年 3 月，入驻武汉天地的企业或机构超 400 家，包括百胜、思科、甲骨文、惠氏、渣打银行、东亚银行、三菱东京日联银行、三井物产、全日空航空、英国驻武汉总领事馆、韩国旅游发展局武汉办事处、香港贸易发展局武汉办事处 、澳门贸易投资促进局武汉代表处等。武汉天地项目现已完成投资 174.6 亿，入驻企业累计纳税 42.3 亿。

图为大华里门楼。 大华里门楼地处长春街与卢沟桥路交会处，原为长江水利规划办公室宿舍大院门楼。在改建后，门楼后的宿舍均已拆除，现有一栋 5 层商业楼。因为门楼所处环境发生了巨变，所以门楼现已成为人们的“记忆之门”，门楼上的岁月痕迹使它成为武汉天地中珍贵的历史纪念物

图为原刘家麒路 7—13 号、李石樵公馆，现为武汉天地 3 号楼

原汉口明治寻常高等小学校教师住宅，处于商业步行街的拐角处，这幢花园式住宅与原刘家麒路 7—13 号相邻，设计师将两栋楼的二层室外平台进行延伸，使两栋历史建筑连为一体，为商业活动提供独特的结构空间

武汉天地 1 号楼

黎黄陂路街头博物馆

黎黄陂路是城市“慢生活”街区的代表

黎黄陂路位于江岸区南部，呈东南至西北走向，东南至沿江大道，西北至中山大道，全长604米，与洞庭街、鄱阳街、胜利街相交。黎黄陂路所在区域于1897年成为汉口俄租界，1900年修建此路，因沙皇亚历山大二世私生子、俄国远东海军司令叶夫根尼·伊万诺维奇·阿列克谢耶夫而得名阿列克谢耶夫街，又称铁路街、夷玛街。1924年，中国收回俄租界。1925年，此路改称黄陂路。1946年元旦，国民政府在收回汉口全部租界后，将黄陂路命名为黎黄陂路。1967年，此路改名为韶山路，1972年恢复黄陂路之名，1982年又改名为黎黄陂路。

清末民初，沿路建有多处洋行、会所、医院、教会大楼，至今仍留下十多处历史建筑。整体保存完整的建筑有汉口华俄道胜银行旧址、那克伐申公馆旧址、信义公所旧址、汉口美国海军基督教青年会旧址、英商怡和洋行高级公寓、涂堃山公馆、裕民洋行旧址、高氏医院旧址、惠罗公司旧址、巴公房子、首善堂旧址、顺丰洋行旧址、邦可花园旧址、万国医院旧址。

黎黄陂路两侧有着多处曾影响中国历史进程的重要旧址，如八七会议会址，位于胜利街的武汉中共中央机关旧址、中共中央长江局暨湖北省委机关旧址。新中国成立后，黎黄陂路旁设有广州军区武汉军事医学研究所、中国共产党武汉市江岸区委员会、湖北省纺织品进出口公司等。黎黄陂路仿佛一条历史的纽带，将中国近现代史中诸多精彩的篇章连缀在一起，走进街边的历史建筑，犹如走进了一座座历史博物馆，犹如走进了历史！

从1997年开始，江岸区着手规划建设黎黄陂路街头博物馆，街旁十几栋历史建筑按照“整旧如故”原则“正本清源”，保留了岁月的痕迹，呈现出独特的历史街区风貌。黎黄陂路的变化吸引着人们的眼光，使其逐渐成为汉口的热闹地段之一。2015年底，黎黄陂路步行街建设工程启动，2016 年完工。此时，黎黄陂路旁聚集了博物馆、咖啡馆、特色餐饮、精品小店、文创企业等。红瓦石墙的老房、典雅古朴的窗棂、静谧别致的公园、郁郁葱葱的大树，使黎黄陂路以特有的文艺气质吸引了众多慕名而来的游客。2019 年，“漫品生活 啡尝江岸”——首届黎黄陂路咖啡音乐节在这个古老的街区揭开帷幕，江岸区委宣传部、江岸区文化和旅游局、一元街道办事处等部门联合打造文创市集和云上非遗·健康生活节等活动，咖啡、文创、音乐等各类时尚元素与这里丰富的历史内涵相融合，吸引了众多游客围观，吸引了中央、省、市媒体的目光。黎黄陂路正在逐渐发生改变，当踏着匆忙脚步的人们来到这里，便慢了下来，是咖啡的飘香、精彩的文创、江岸非遗的传承和沿街的静谧氛围使人们放慢了脚步，使这里成为城市“慢生活”街区的代表，黎黄陂路的“慢”是对历史的细细品味、对革命前辈的由衷敬佩、对时尚的积极追求、对生活的用心珍惜和对美好前景的期盼与展望。

（1）华俄道胜银行旧址
（2）俄国源泰洋行旧址
（3）中华基督教信义大楼旧址
（4）美国海军基督教青年会旧址
（5）裕民洋行旧址
（6）俄租界工部局旧址
（7）高氏医院旧址
（8）基督教青年会汉口会所旧址
（9）顺丰洋行旧址
（10）邦可花园旧址
（11）巴公房子旧址
（12）惠罗公司旧址
（13）珞珈山路高级住宅区旧址
（14）五花宾馆旧址
（15）汉口首善堂旧址
（16）日伪汉口放送局旧址
（17）万国医院旧址

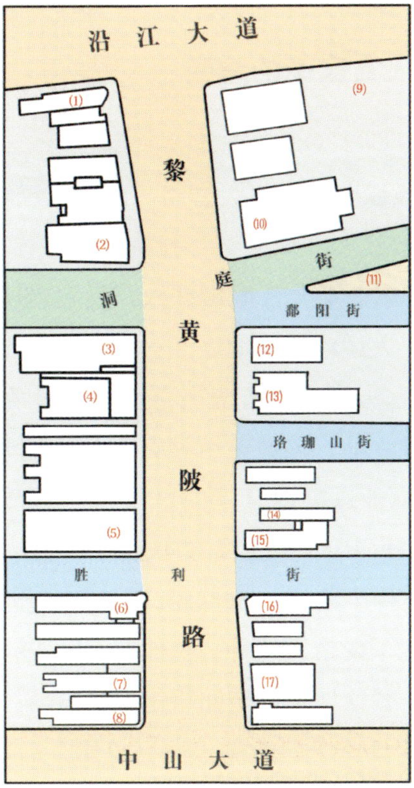

黎黄陂路历史建筑示意图

图为 2020 年黎黄陂路咖啡音乐节现场。自 2019 年“漫品生活 啡尝江岸”——首届黎黄陂路咖啡音乐节揭幕后，每年的咖啡音乐节成为这条古老街道的标志性活动

吉庆街的嬗变

吉庆街位于江岸区中山大道中段以北，东起大智路，西至江汉路，长550米，1926年前后始建，此路及路旁房屋多由军政显要、商人买办投资建设“模范区”时兴建。1930年得名吉庆街，1967年改名先锋街，1972年大智横街并入，复名吉庆街。20世纪20年代，大智路吉庆街的一洞天茶楼为武汉工人运动发起地之一；大革命失败后，一洞天茶楼为共产党人秘密接头点之一。1931年，受水灾影响，吉庆街百业凋零，经济萧条，全面抗战时期又遭遇武汉沦陷。中华人民共和国成立前，该地茶馆等店铺大批倒闭，市面萎靡不振。

中华人民共和国成立后，武汉商业逐渐恢复，1963年，一洞天茶楼改为大智餐馆，沁园春茶楼改为食堂，汉泉茶楼改为旅社。1978年以后，吉庆街出现新的商业业态，街上有餐馆、旅店、浴池，还开办了音乐茶座和各种小茶馆。1999年，因城市更新，一洞天茶楼被拆除。此后，在吉庆街与大智路交会处出现了夜市，这种“挖地脑壳”式的夜市迅速得到武汉市民青睐，迅速扩张。一到晚上，几百个餐饮摊位把街面挤得满满当当，晚上12点后达到高潮。作家池莉以吉庆街为题材的小说《生活秀》，改编成同名电影，后来主创人员获得第22届中国电影金鸡奖最佳女主角奖、最佳编剧奖，吉庆街因此名扬全国。

吉庆街的烟火气吸引了大批民间弹唱艺人，也有艺校学生、音乐学院教授、写字楼白领参与其中，高峰时有200多人同时表演，使吉庆街成为武汉民间文化的展示胜地。2002年，吉庆街被政府命名为“中华民俗美食文化街”。

然而，随着现代化都市的发展，城市生活对街区的环境要求越来越高，吉庆街的脏乱与周边环境的矛盾日益突出。2008年，武汉长江隧道建成通车，改变了吉庆街的交通格局，使这里的客流逐日萎缩，昔日热闹喧嚣的场面渐渐远去。保住吉庆街的烟火气、保留和延续这一特点鲜明的民间文化聚集地成为当务之急！

2009年，江岸区启动吉庆街建设项目，通过恢复传统建筑、对艺人进行集中管理与扶持等方式，为吉庆民俗文化产业化发展提供有利平台。吉庆街建设项目东邻中山大道，南接黄石路，西连铭新街，北与武汉长江隧道相接，占地面积8.39公顷，分一、二、三期，分别建成美食生活、民俗创意、文化馆藏三大功能区。2016年12月28日，经过升级改造的吉庆街与中山大道同步开街。今天，入驻吉庆街的老字号有老通城、蔡林记、四季美、汪玉霞、

吉庆民俗文化街主体部分为由五栋楼房围成的一个“大院落”，中间有一条内街，保留吉庆街“百家宴”的历史记忆

20 世纪 90 年代的吉庆街。一到晚上，几百个餐饮摊位把十几米宽的吉庆街挤得满满当当，卖花的、卖唱的、拉琴的、吃饭的和招呼食客的，各种声音混杂在一起，热闹非凡，形成特有的人间烟火气，晚上 12 点后则达到高潮

作家池莉的小说《生活秀》，反映了吉庆街特有的烟火气，令吉庆街名扬全国

冠生园、老万成、德华楼、田恒啟、东来顺等，它们已成为这里的人气引擎。骏骏牛肉粉、膳福记水饺、老巷子臭豆腐等则为食客们提供着新口味。由武汉市群众艺术馆、武汉市民间文艺家协会联合举办的吉庆民俗街大汉口庙会，使吉庆街成为“非遗”传承人的聚集地；每年两百多场传统戏曲、通俗民谣演出，以更为热烈的形式在新吉庆街进行展示；“吉庆之星 逐梦之旅”街头文化艺术节，则让民间艺人重归“故里”，并赋予了他们时尚艺术标签。今天，吉庆街已被纳入江岸区汉口历史风貌区，成为国家 AAA 级旅游景区，呈现出“吉云照影觥樽尽显生活秀，庆雨映灯弦歌舒展岁月稠”的独特意境。

四、江岸区的武汉老字号

老通城

老字号老通城酒楼是经营湖北名特小吃三鲜豆皮和江苏特色菜的著名酒楼。20 世纪二三十年代，汉阳人曾厚诚租下大智路 3 号（后为大智路 1 号），开了一家小店，借上海豫园一个受大众欢迎的餐馆“通成饮食店”之名，经营“汤面食”、冰镇绿豆汤、伏汁酒（米酒）等。

豆皮原为湖北农村的食物，用大米粉和黄豆粉调糊，做成外皮，以糯米、香葱等调馅。清同治年间的武昌王府口杨洪发豆皮馆为武汉出现较早的豆皮店。新中国成立前，老通成饮食店的大厨高金安用糯米粉、绿豆粉调糊，做成外皮，以肉丁、虾仁、冬菇为馅，制成“三鲜豆皮”，成为武汉著名美食

老通城旧照

1937 至 1938 年，通成饮食店曾给音乐家冼星海等著名抗日爱国人士提供文艺创作的场所。1938 年武汉沦陷，曾厚诚举家逃离武汉。1947 年从重庆返汉，在原址复业，店名更改为“老通成饮食店”，聘请名厨高金安掌勺，制作“三鲜豆皮”，并在三楼安装“豆皮大王”招牌以招徕顾客，一时名噪三镇。市井有“不到老通成，不算到汉口”之说。1953 年曾厚诚去世，老通成交由政府管理，1955 年更名为“国营老通成餐馆”，并在汉口惠济路开支店。1958 年，毛泽东在汉口多次品尝“老通成”三鲜豆皮，使其知名度大增。“文革”中，老通成改名为“东方红饭店”，1978 年恢复老通成店名。书法家周永基手书“老通城”，老通成变为老通城，此店名沿用至今。1989 年起，老通城进入发展鼎盛时期，其分店遍及江城，1990 年，全年营业额高达 1085 万元，实现利润 258 万元，居全市酒楼前列。1994 年被江岸区委、区政府授予“经济小巨人”称号。后来，老通城因扩张失度效益下滑，经营萎缩。2006 年，因武汉长江隧道汉口端出口设在中山大道与大智路交会处，老通城老店停业拆迁。2013 年，湖北白云边集团收购老通城，并借助其百年老字号品牌影响力注册“老通城”酒类商标，寄望

老通城创始人曾厚诚的小儿子曾幼诚，在抗日战争中加入新四军，解放战争时期任第三野战军团参谋长，中华人民共和国成立后任空军副参谋长、济南军区空军副司令员等职。1955 年曾参与指挥一江山岛战役

图为毛泽东与老通成员工合影。1958 年 4 月 3 日和 9 月 12 日，毛泽东莅临老通成，品尝了由“豆皮大王”高金安、“豆皮二王”曾延龄等制作的豆皮。刘少奇、周恩来、董必武、邓小平、贺龙和许多外宾也品尝过老通成的豆皮

通过双品牌战略使老通城重振旗鼓。2016 年 12 月 28 日，经武汉餐饮业协会引荐，老通城在其旧址附近重建新店，新店请来老通城豆皮第四代传人，将传统豆皮制作工艺与年轻人喜爱的时尚口味融合，给江城人民奉上了老少咸宜的“新版”老通城豆皮。

小桃园

小桃园酒楼旧址

武汉人爱喝汤，素有“无汤不成席”之说。武汉人也会煨汤，因而煨汤馆不少，其中最著名的当属地处汉口兰陵路 64 号的“小桃园”，其煨汤的故事至今令人津津乐道。武汉人煨的汤种类繁多，早年最有名的是“八卦汤”（乌龟汤），因为楚地巫师往往用龟壳占卦，因此得名“八卦汤”。全面抗战爆发前，汉口佘胖子煨汤馆的八卦汤最有名。后来，汉口天主堂医院（今武汉市中心医院前身）的厨师陶坤甫、袁得照煨的汤名气超过了佘胖子的汤。1944 年冬天，美国飞机空袭汉口，天主堂医院遭到轰炸，陶坤甫、袁得照失业。陶坤甫在兰陵路的废墟上找了块空地，搭起棚子卖豆浆和“糯米包油条”等，袁得照在旁边炸面窝，两人生意清冷，于是寻思共开汤馆，卖八卦汤、牛肉汤。两人对煨汤颇有研究，选材新鲜，做法考究，食客纷至沓来，生意逐渐兴旺。陶、袁两人煨的汤好喝，却一直没个名号，于是他们商量，为小店取名“小陶袁”。后觉得“小”字仅三划，不大气，于是改为“筱陶袁”。“筱陶袁”的招牌树起来后，生意异常红火，到 1948 年，原来仅十多平方米的小棚子扩建为 20

小桃园鸡汤

平方米的煨汤馆，可以放三张桌子，供应八卦汤、排骨汤、鸭子汤、鸽子汤、肚子汤、猪蹄汤、肠肺汤等，其中瓦罐鸡汤最著名。店里有位名厨喻凤山，其绝活是煨汤时精准把握火候，一次性放入作料，从不用嘴试味，煨出的汤味道鲜美。还有位王银生厨师，专选黄陂、孝感地区的老母鸡，用猪油旺火爆炒，再盛入瓦罐用小火煨，待汤汁浓稠时即可得滚烫、鲜美的鸡汤，深受食客喜爱。新中国成立后筱陶袁进行公私合营，1955 年改名为“小桃园”。1958 年中共八届六中全会在武昌召开，毛泽东、刘少奇、朱德、周恩来、陈毅等党和国家领导人品尝过小桃园的汤。1966 年以后，小桃园多次改名，最后定名“小桃园煨汤酒楼”。在其兴旺时期，店面扩建，营业面积达到 1300 平方米，两层楼，可承办筵席，菜品繁多，在武汉市民中享有良好的声誉。后来，小桃园被中华人民共和国国内贸易部授予“中华老字号”称号。此后受市场变化等影响，小桃园逐渐生意清冷，企业效益下滑，位于兰陵路 64 号的店面最终停业，对外出租。小桃园鸡汤伴随了武汉人半个多世纪，今天，小桃园第四代传承人保存着祖辈留下的技术，正在将其与新的市场形势与顾客口味融合，努力让小桃园鸡汤早日回到人们的身边。

五芳斋

五芳斋老照片

五芳斋位于中山大道旁，由江苏南通人倪锦财于1946年创办。倪锦财出身贫苦，1937年到上海，在太古轮船公司跑船，往返于长江航线上海至重庆段。抗战全面爆发后，时局动荡，跑船收入大幅减少，倪锦财在重庆开办了符合江浙人口味的“三六九小菜馆”，因生意红火，不久，仿照上海“大世界”，改名“小世界”，生意更加好。抗战胜利后的1945年10月，精明的倪锦财预见国民政府还都南京后大批江浙人将离川回籍，于是，他将小店关张，顺江而下，于1946年5月在汉口大智路老通成附近搭起简易房屋，开设五芳斋商号，聘用江浙名厨，主营汤圆、粽子、糕点等江浙风味小吃。地处内陆的汉口，南北客商混居，五芳斋调整宁波汤圆配方，添入橘皮、芝麻、桂花等配料，深受欢迎，五芳斋被誉为“汤圆大王”，与老通成、四季美、蔡林记齐名，被称为武汉饮食界“四大天王”。

1956年，五芳斋实行公私合营，1966年改名为“红卫饮食部浙味餐馆”，1979年复名“五芳斋酒楼”。1983年，五芳斋由江岸区饮食物资公司筹资，将店面扩建为5层楼，总营业面积达1300平方米，可同时接待540位客人。一楼经营宁波汤圆、苏式糕团、板油豆沙粽、宁式鳝糊、大排包、三鲜蒸饺、奶香小白兔等50种食品；二楼经营火锅；三楼供应风味小炒，设有包厢；四楼办酒席；五楼提供高档筵席，配有歌厅、舞池。

1985年，倪锦财病逝，享年73岁。此时，由其创立的五芳斋已成为武汉人饮食文化中的一项重要内容。1988年，五芳斋举办首届汤圆节，此后，一年一度的汤圆节延续下来，

每年腊月初八至次年正月十五，汉口五芳斋总店门口都会排起“长龙”

五芳斋内景

成为武汉人春节美食活动中的“重头戏”。那软糯的汤圆里包裹的不仅是美味的馅料，也是浓浓的年味，更是纯正的“武汉味道”。1991 年，五芳斋酒楼被湖北省授予“汤圆大王”“糕团大王”等称号，随后被国内贸易部授予“中国名点”和“中华名小吃”牌匾。1995 年，被国内贸易部授予“中华老字号”称号。在国内餐饮市场的多年发展中，全国出现多家以“五芳斋”为名的店铺，“五芳斋”商标共注册了 108 个，其中著名的是“粽子大王”浙江五芳斋和“汤圆大王”武汉五芳斋。进入 21 世纪后，这两家五芳斋因商标使用权限对簿公堂，后来，双方达成“合则两利，斗则两伤”的共识，于 2014 年 8 月完成了工商部门的证件变更及商标变更，浙江五芳斋收购武汉五芳斋全部股权，两家合二为一，共存共荣，实现共同发展。

亨达利

1922 年在德国定制的亨达利大圆钟为当时先进的机械钟，上一次发条可走七天，故又名“七天行大门钟”

亨达利的历史可追溯至 1864 年。亨达利为德国人霍普兄弟创立，为招徕高等华人，起中文名“亨达利”，寓意“亨通、发达、盈利”。19 世纪末汉口亨达利在华业务由德商礼和洋行负责。1914 年第一次世界大战爆发，中德宣战，德商回国，汉口亨达利被转让给礼

1924年，汉口江汉关大楼上的大钟由汉口亨达利承接机械安装工程，钟表匠王亨亮以其精湛的技术使亨达利名扬武汉三镇

和洋行汉口分行买办虞芗山和跑街孙梅堂经营，他们每年向洋行付800两白银商誉费。由于虞芗山本是颜料巨商，而孙梅堂是著名钟表企业美华利的负责人，所以亨达利最终由孙掌控。1917年，汉口亨达利更名亨达利钟表总公司。

1910年，曾为上海美华利学徒的浙江人陈文生来汉，在德商礼和洋行的太平洋表行当跑街，后德商撤走，陈文生1916年在汉口河街（今四官殿）开设敏记亨达利钟表行，数年后迁至江汉路五福里，后又迁至江汉路28号，此为老店。1922年，陈文生租得浙江兴业银行在汉口中山大道旁的铺面，开设新的亨达利钟表店，成为上海亨达利总行的联号。同年，陈文生喜添儿子陈芝章，朋友送从德国定制的大圆钟作贺礼，被陈文生悬挂在店门口，作为亨达利的象征。汉口亨达利重视服务和商品质量，至1937年月均营业额达三万元。1938年，陈文生病逝，其长子陈芝章继承新店，取名“敏记亨达利”，即现在的中山大道店的前身；其次子陈又章继承老店，取名“又记亨达利”，即现在的江汉路店前身。1938年日寇侵占武汉，

2013 年位于中山大道旁的亨达利

两家店被日本洋行强占，“又记”迁至胜利街勉强维持，由陈又章母亲贺玉英主持，“敏记”则迁至车站路。抗战胜利后，“又记”迁回江汉路 28 号重新开业，“敏记”回到中山大道店面继续经营。

新中国成立后，1956 年亨达利实行公私合营，1957 年转为全民所有制企业，改名“新时代钟表店”，两家店按区域分别划归江汉区和江岸区管理，1981 年恢复“亨达利钟表店”名，1984 年改名“武汉市亨达利钟表眼镜公司”。后来，武汉亨达利成为中国商业企业管理协会亨得利亨达利（钟表）商业分会的副理事单位。2001 年 3 月 8 日，象征亨达利的大圆钟再次悬挂在中山大道店门口，同年 10 月 18 日，中国商业企业管理协会以全国“两亨”钟表商业分会的名义，在国家工商行政管理总局注册服务商标，51 家会员单位共享这一“百年名标”。2002 年企业改制，成立武汉市亨达利钟表眼镜有限公司，该公司于 2011 年、2021 年先后被授予“武汉老字号”“湖北老字号”称号。多年来亨达利坚持“以卖带修”，提供高质量的商品和服务，孕育了一代代优秀钟表工匠。20 世纪 60 年代，王明镜成为中华人民共和国成立后亨达利第一位高级技师，唐家星成为亨达利第一位湖北省钟表维修工人工程师、全国劳动模范。现在，亨达利是我国颇具规模的钟表零售企业。

波衣也琴行

武汉老字号——波衣也琴行，是武汉第一家琴行。该店位于中山大道885号、三德里路口，已有百余年历史，其店面位置从未改变。20世纪初，一位会演奏爵士乐、会修理乐器的英国人Boyack（波衣也），带着他的中国学徒——宁波人林正文从上海来到汉口，在此地开了一家西洋乐器店，并以他的名字取名“波衣也琴行”。1927年汉口英租界被国民党政府收回，Boyack将琴行转让给林正文，返回英国，波衣也琴行成为中国商人在武汉经营西洋乐器商行的先例。1931年汉口遭遇大水，琴行损失惨重，几乎走入绝境。林正文积劳成疾，于1934年逝世，年仅46岁。林去世后，其妻让16岁的独子林冠球辍学回家支撑门面。林冠球聪明，经艰苦学习，掌握英、法、日三门外语，同时会演奏爵士乐、修理乐器、调钢琴等。在抗战时期，一位名为刘五育的人进入了林家人的视野，他精于萨克斯和单簧管演奏，爵士乐的造诣较深，是汉口法汉中学乐队的台柱。林冠球的妹妹林玉莲，会跳舞，弹得一手好钢琴，共同的兴趣爱好使刘五育和林玉莲互生情愫，两人1951年成婚，1953年生育一子，取名刘群。刘五育是林冠球的得力助手，两人将波衣也经营得风生水起。

位于汉口三德里的波衣也琴行

波衣也乐队领班刘五育先生（中）

20 世纪 50 年代，社会上流行交谊舞，刘五育组织了波衣也乐队，成员多为他在法汉中学时的同学，后来，这个乐队在武汉十分有名，为波衣也的兴盛推波助澜，令其获利颇丰。1956 年波衣也实行公私合营，在汉口惠济路创建波衣也乐器厂，隶属武汉市第一轻工业局，此为波衣也鼎盛时期，有职工三百多人。20 世纪 60 年代中期，许多文艺团体停办，舞会也逐渐绝迹。此时，波衣也乐器厂改名为“武汉乐器厂”，职工工资很难发出，市一轻局将大部分职工调至局属各厂，余下人员、设备、材料和武汉市一轻局产品销售门市部（位于原波衣也琴行门店）一起划拨至武汉台板家具厂。屋漏偏逢连夜雨，搬迁时，一场大火将厂房和剩余的设备、材料全部烧光。

刘群幼年时被父亲刘五育带进波衣也乐队，接受音乐熏陶，他遗传了父母的艺术基因，音乐感悟能力极强，钢琴、管弦乐器、架子鼓，样样精通。后来，无论是作为“知青”还是回城当工人，“从事心爱的音乐事业，重现波衣也的辉煌”这根弦始终在刘群的心中绷着。1992 年，刘群在武昌开设专营电声乐器的柯肯琴行，赚到了人生的第一桶金。2000 年，武汉市一轻局产品销售门市部改制，公开向社会招标转让，刘群中标，按时价接收了门市部全部房产，重新挂出了“波衣也琴行”的招牌，从此开创波衣也的第三次辉煌。21 世纪初，波衣也在武汉设有 5 家分店。此后，乐器行业市场竞争激烈，波衣也在巨大的压力下采取紧缩策略，仅保留了汉口的百年老店。现在，一个乐器博物馆正在这里筹建，波衣也的百年传奇将以更精彩的形式延续。

长生堂理发厅

长生堂

长生堂理发店由来自江苏扬州的剃头匠张聚年创办于1911年，全名为“汉口长生堂文武理发店”，“长生”寓意“凭一技之长以求生”，“文”指理发美容，“武”指推拿按摩。在过去，剃头匠大多兼有推拿按摩的本事。创办之初，长生堂地处汉口法租界巴黎街路口（今黄兴路路口），这里紧邻大智门火车站，属影院、茶馆密布的繁华之地，因此，长生堂创办之初发展顺利。

辛亥革命后鼎革之际，政府推行剪辫，长生堂得其时势、地利，形成其发展高峰期。1937年，抗日战争全面爆发，市面萎靡，长生堂客源大减，生意萧条。张聚年将店面贱卖给店员代恒贵，代接手后，与店内同仁徐少斋、周德才、胡保正、张回卿等合股开店，因周德才出资最多，成为“长生堂”新主持人。周为人豪阔，投巨资为店面安装彩色雕花窗，铺设进口地砖、大理石台板，添置16把铁架真皮座椅，又高薪从上海请来8位名师，同本店4名师傅、16名学徒组成强大阵容，使长生堂占据武汉三镇理发业高端市场，度过了危机。

1962 年国庆节，国营长生堂理发厅全体员工在店门前合影

图为 1954 年 5 月，陈伯华随中苏友好协会访苏代表团赴苏观光、演出。从年轻时的“小牡丹花”到汉剧表演大师，她始终选择到长生堂美容美发。现长生堂里保留着她在 20 世纪 30 年代用过的狗毛坐垫和铜制托盘

武汉沦陷时期，由于租界内有大量避难者聚集，长生堂的生意不降反升，它仍为武汉理发业之翘首。美国电影《出水芙蓉》在汉公映时，剧中女主角埃丝特·威廉斯的发型被武汉女性钟爱，长生堂理发师周子善如法炮制，设计出“泳式上旋”发型，女士们成群结队地来店里，请周师傅做“惠莲丝头”。长生堂的顾客中有许多社会知名人士，蒋介石来汉时，曾招代恒贵及其儿子代友宝到他的住处帮他剃头，汉剧名角陈伯华常年来长生堂做头发、美容。

1952 年，该店实行公私合营，改名为“江岸区合作社理发厅”，规模扩大，生意更盛。1957 年挂“国营长生堂理发厅”招牌，“文革”开始后改名为“二七理发厅”“红岩理发厅”。1978 年恢复原名“长生堂”。20 世纪 80 至 90 年代，长生堂先后五次扩建或翻修，营业面积从一百多平方米增至五百多平方米，1984 年营业额为七万多元，1996 年增至一百多万元，在国营理发店面临私营理发店冲击而陷入一片萧条之际，长生堂依然阵脚稳固，后来新开了三家分店，其传承百年的“手指造型”技艺入选武汉市非物质文化遗产名录。2000 年，长生堂被国内贸易局授予“全国十佳美发美容院”称号，2009 年被商务部评为“中华老字号”。2016 年，长生堂资金链出现问题，技术人员青黄不接。虽然面临困境，但它多年以来积累的技艺仍由后人传承，长生堂留给武汉人的温馨、雅致、时尚印象，将永远伴随着武汉人的生活。

武汉荣宝斋

在武汉的老字号里，荣宝斋占有一席之地。该店主要业务为收、售名人书画原作，临摹、复制历代书画，装裱书画，经销品种齐全的湖笔徽墨、宣纸端砚、泥金扇面、金石篆刻、装裱材料等，历经 88 年，延绵不息。1934 年 7 月 17 日，是武汉荣宝斋的重要日子，这天，“北京荣宝斋汉口分店”的金字招牌在交通路路口竖起。经理刘申甫、副经理张茂如、会计甘仲云、店员杨培栋和王宝元等十余人均由北京荣宝斋总店派来，货物也由北京调拨，利润与总店平分。两年不到，汉口荣宝斋业务迅速扩展，1936 年迁至宝华街 17 号，扩大店面，增加店员赵化民、陈辅庭等。1938 年武汉沦陷前，因南北交通中断，汉口荣宝斋停业。该店将货物存放于法租界庆平里 15 号，刘申甫、杨培栋、王宝元、赵化民、陈辅庭留守，其余人或撤回北京，或自谋出路。1939 年春，平汉铁路恢复通车，北京总店经理王仁山派张茂如来汉清点资产，办理歇业事宜。其时，赵化民与人共同买下分店的全部货物，在南京路 82 号以“荣宝斋寿记”名号开张，赵化民任经理，店员有杨培栋、王宝元、陈辅庭、

武汉荣宝斋门店。1949 年前，著名国画家张大千、黄君璧在汉办画展时，其作品均由荣宝斋装裱

2016 年 2 月，武汉荣宝斋举办武汉艺术沙龙展，右二为画家冷军

2012 年武汉荣宝斋成立七十九周年暨书画精品专场拍卖会现场

邓辅仁、白文祥、郭宝山等 8 人，与北京总店脱离关系。1945 年日本投降后，荣宝斋迁回武汉，人员增至 14 人，生意日趋兴旺。新中国成立后，荣宝斋业务日渐冷清，店员纷纷另谋他业。1951 年，赵化民在黄石路文化里路口以“荣宝斋”名号开一夫妻小店。1956 年荣宝斋与淳辉阁一起并入“公私合营文化用品商店”，1957 年 11 月 17 日，在武汉市政府的管理下，国营荣宝斋选址中山大道 1054 号（现中山大道 958 号）开业。1962 年 9 月，荣宝斋开始独立核算。1966 年，交由武汉市工艺美术工业公司领导，同年 11 月 30 日荣宝斋改名“红旗工艺美术服务部”，1979 年恢复“武汉荣宝斋”名号。进入 20 世纪 80 年代，“荣宝斋”经营范围扩大，销售额逐年增加。之后，随着市场的变化，其经营状况有所起伏，至 20 世纪末，因效益下滑，部分店面出租给服装商人经营。2002 年后，荣宝斋调整经营格局，施行创新举措，店面艺术氛围日隆，生意重新兴旺，恢复了昔日的繁盛景象，2011 年 10 月被武汉市政府授予“武汉老字号”称号。至今，荣宝斋的“掌门人”不断探索，将艺术拍卖、策办画展、收藏展示名家作品等业务引入店内，历史悠久的荣宝斋正在焕发着新的生机！

五、非物质文化遗产传承

“武汉玉雕”代表性传承人何芳

何芳

何芳女士，笔名何叶子，1951年出生于湖北武汉，现任全国工艺美术行业理事会副理事长。她精通中国四大名雕——象牙雕、木雕、石雕、玉雕，并能独立设计、独立创作，为传承中国传统文化卓有成就的艺术雕刻师，2016年被中国工艺美术协会授予“中国工美行业艺术大师”荣誉称号。

何芳原为武汉市一家雕刻厂的员工，负责设计、凿活及造型工作。1981年，该厂与武汉一家玉器厂合并，她继续从事玉器雕刻等工作。1989年至2005年，玉器厂实行改制，何芳下岗，但她仍然坚持木、石、玉材的艺术创作，始终坚持从事自己喜爱的传统雕刻艺术，不断探索，技艺逐渐炉火纯青。在四十余年的艺术生涯中，何芳不仅传承传统文化，还推陈出新，创作出先泥塑、后铸模且具有独特风格的艺术品，影响波及海外。

截至今日，她创作的千余件作品中，有许多获得了国家、省、市级奖项：寿山石雕刻作品《孙悟空三打白骨精》获1984年湖北省行业内特等奖；和田玉镂空双梁雕刻作品《宫廷壶》获2013年中国工艺美术“百花奖”金奖；双面玉雕《九龙壁》获2014年中华“国艺杯”金奖；新疆和田玉籽料玉雕《送子观音》获2019年中国工艺美术“百花杯”优秀奖。

为了推动传统文化的传承，何芳免费培养了十余名雕刻艺术专业学生。为方便同行进行艺术交流，她于1995年创办了公司，大力创作艺术作品，大力推广雕刻艺术。2013年，何芳被湖北省人民政府授予 “中国绝技传承人”称号；2015年，被湖北省授予“湖北省民间工艺技能传承人”称号；2018年，荣获武汉市“大城工匠”称号；2022年，被评为湖北省非遗代表性项目“武汉玉雕”代表性传承人。

和田玉镂空双梁雕刻作品《宫廷壶》获得2013年中国工艺美术“百花奖”金奖。作品规整、端庄，寓意“壶美茶香心连心”

2013年中国工艺美术“百花杯”银奖作品——木雕《贵妃出浴》

新疆和田玉籽料玉雕《送子观音》荣获2019年中国工艺美术“百花杯”优秀奖。作品长36厘米、宽14厘米、高63厘米，其工艺以圆雕为主，浮雕、透雕、镂空雕为辅。作者的高超技艺主要体现在瑞兽“犼”口衔链条与人物手牵链条的连接上，对有限的石料上进行掏空，形成活环，环环相扣，一气呵成

汉派彭银亭中药炮制技艺代表性传承人张义生

张义生，汉派彭银亭中药炮制技艺代表性传承人，现为武汉市中医医院全国名医传承工作室与中药炮制技术传承基地负责人、第三批全国老中医药专家学术经验继承人。

汉派彭银亭中药炮制技艺指以彭银亭为代表的汉口帮特色制药技艺，采取净制、切制、炒制、蒸制、复制等工艺，将中药材加工成可供临床调剂和制剂投料使用的中药饮片。其最显著的特点在于“重原产、细挑选、明鉴别、精切制、巧炮制”。彭银亭在中华人民共和国成立后建立了武汉市第一个中医联合诊所，召集 30 多位中医和 20 多位药工，开启医药融合开端。后来，武汉市卫生局召集包括彭银亭在内的 13 位中药炮制专家，制定武汉市中医药切制规则，产生了新中国成立后第一个关于中药炮制标准的规范性文件。1979 年，彭银亭

张义生（右一）工作照

武汉市中医医院

作为老专家被武汉市中医医院聘任，牵头组建炮制室。2002 年，出生于 1966 年的张义生成为89岁高龄彭银亭的关门弟子，2007年，张义生将彭银亭建立的炮制室提档升级为炮制中心，将纯手工操作转化为机器操作，但技艺仍遵循古法。此炮制中心现已成为湖北省唯一保留中药炮制室建制的机构，有固定的编制、人员和场所，并实现了活态传承。如今，汉派彭银亭中药炮制技艺的保护单位——武汉市中医医院已建立完备的师承机制，通过多年的传承，逐渐形成了覆盖“老、中、青”的优秀药学人才团队。传承者在遵循古法的同时勇于创新，将传统制剂、炮制工艺与现代化技术相结合，以医院名老中医的经方、验方为基础，经多年积淀，自主研发出麻甘止咳合剂、消食合剂、消石利胆丸、润肺益肾饮等优质中药制剂，影响遍及华中地区，辐射全国。

截至今日，张义生已发表专业论文二十余篇，主持或参与十余项省、市级科研课题，获得中华中医药学会科学技术奖、湖北省卫生厅医药科技进步奖、武汉科技进步奖等。2018 年，荣获湖北省“荆楚工匠”称号。汉派彭银亭中药炮制技艺于 2021 年被列入国家级非物质文化遗产名录。

“泥人胡”胡作林

“泥人胡”是人们送给泥塑传承人胡作林的雅号。胡作林，武汉市泥塑艺术研究会会长、武汉市非遗项目武汉泥塑传承人。

胡作林1959年10月出生于黄陂，早年受父辈影响，爱上泥塑艺术，1975年参加黄陂县文化馆举办的黄陂泥塑骨干培训班，得到著名雕塑家钱绍武指点，后师从湖北美术学院雕塑系主任、著名雕塑家项金国，得其真传。胡作林1977年应征入伍，退伍后转业至汉口解放公园，后任部门经理等职。基于对泥塑艺术的执着追求，他于2000年辞职，创办“泥人胡雕塑艺术创作室”，从此走上专职雕塑之路。通过多年努力，胡作林在民间艺术界产生很大影响，得到各大报刊、杂志及其他新闻媒体的多次报道。2014年被武汉市文化局评定为“传统美术”（武汉泥塑）非遗项目代表性传承人，2015年由武汉市职改办评定为“工艺美术师”，其作品《吴天祥》获得“武汉榜样”创意作品大赛三等奖，2016年，其作品《泥人胡自塑像》参加第八届中国（大连）轻工商品博览会，获“中轻万花杯”金奖。胡作林2017年荣获第

胡作林工作照

《泥人胡自塑像》

玻璃钢仿红铜雕塑《吴天祥》

五届“湖北省工艺美术大师”称号，2018年荣获第三届湖北省“优秀文艺志愿者”、第二届武汉“大城工匠”称号，2019年荣获全国“百姓学习之星”称号。2020年被中国掌上非遗平台认定为“中国非遗年度人物”。

泥塑，作为非物质文化遗产，需要在传承传统技艺的基础上推陈出新，才能不被淘汰。但是，如果创新力度太大，传统可能会遗失，在这种矛盾中，胡作林探索出一个完美的平衡点，即在制作工艺上沿用传统技法，题材上则与时俱进、推陈出新，让泥塑艺术更加鲜活。作为非遗项目的代表性传承人，胡作林主张“见人，见物，见生活”，他认为创作者不能关在家里搞艺术，要让艺术面向大众。胡作林的工作室设在江岸区的解放公园，他是“将雕塑室搬到街头的第一人”，他的很多作品是周边市民的“群像”，他的泥塑作品贴近城市生活，他用独特的艺术语言记录着武汉人丰富多彩的生活。

“面人高”高志和

高志和

高志和，武汉市江岸区非物质文化遗产代表性项目——武汉面塑的代表性传承人，雅号“面人高”。高志和出生于1953年。“天下面塑出穆李”，这“穆李”指的就是高志和的家乡山东省菏泽市牡丹区马岭岗镇北部穆李村，穆李村离荷泽市中心十多千米，是菏泽面塑的发源地、“近代面塑之乡”。在面塑艺术的传承过程中，菏泽面塑艺人走南闯北，高志和从小跟随父亲来到武汉，10岁便开始向长辈时振山学习捏面人。对家乡的面塑手艺，他从小耳濡目染，学得这门技艺的真谛。

高志和面塑作品《猪八戒背媳妇》。高志和的面塑作品主要反映古今人物、鸟兽虫鱼等。他刻画的人物形象，表情、服饰、神态、动作十分逼真，色彩艳丽，充满喜庆气氛，民间传统艺术特征明显

高志和面塑作品《关公像》。在制作大型面塑时，高志和会选用面粉作为基本原料，再以糯米粉作为黏合剂，经过和面、蒸面、添入丙烯颜料等工序，才能捏出各式各样的面人，以此确保面人不变形、不褪色

面塑也称礼馍、年馍、面花等，是一种以面粉、糯米粉为主要原料，艺术性很高的中国民间工艺品。看似小巧的面人，制作过程却十分复杂。面人以调成不同色彩的面粉为主料，用揉、捏、压、搓等多种技法，配合简单的工具制作而成。一件完整的作品要经过构思设计、和面、揉面、配色、捏塑、干化、包装等过程，从而塑造出各种栩栩如生的形象。面塑，早在汉代就有相关文字记载，是节日中馈赠的喜庆用品、装饰用品，是节日的标志。新疆吐鲁番斯塔那古墓群出土的面制人俑和小猪，已有一千多年历史。宋代《东京梦华录》亦记载："以油面糖蜜造为笑靥儿。"面塑的历史可谓源远流长，面塑是华夏民族传统文化的组成部分，也是民俗、民族雕塑美学研究的重要实物资料。面塑艺术作为珍贵的非物质文化遗产，一直以来得到社会的重视和政府的大力扶持。

高志和喜欢做古代人物形象面塑，比如《红楼梦》中的大家闺秀、《水浒传》里的梁山好汉、

高志和根据武汉历史典故创作的面塑作品《放鹰台》

高志和面塑作品《福牛》

古代的帝王将相，这些人物形象都能在他灵巧的指尖活灵活现地呈现出来。

长大后的高志和进入长江航运集团工作，面塑成了他的业余爱好，但是，这一爱好始终在促使他的技艺不断提高。最初，他做的面人一个可卖五分钱，后来，他把面人做得更为生动，一个可卖到十元或二十元。2007 年，高志和退休，他开始全身心投入面塑创作中，他创作的面塑人物更加传神、灵巧，人们从中可体会到创作者深厚的艺术功底。后来，他多次代表中国民间艺人到美、德、法、韩等国家参加艺术展览，进行交流，获得“湖北省大师级民间工艺面塑技能传承人”“武汉面塑非物质文化遗产代表性传承人”“大城工匠”等称号。2016 年，高志和创办了武汉市江岸区高志和面塑艺术工作室，搭建了一个民间面塑艺术创作、研究、传承的平台。他的许多作品被武汉革命博物馆收藏。

第三篇　发展篇

一、产业巨擘中国三峡集团的引领效应

2021 年 9 月 26 日，中国三峡集团总部从北京迁至湖北武汉，开始在武汉市江岸区六合路 1 号办公

2021 年 9 月 26 日，中国长江三峡集团有限公司总部搬迁武汉大会在湖北省武汉市江岸区六合路 1 号举行，这标志着三峡集团总部正式从北京迁至湖北武汉。1993 年 9 月 27 日，中国长江三峡工程开发总公司成立，2009 年 9 月 27 日更名为中国长江三峡集团公司，公司注册地变更为北京。2017 年 12 月 28 日完成国有独资公司改制，更名为中国长江三峡集团有限公司，简称“中国三峡集团”“三峡集团”。

1994 年 12 月 14 日，举世闻名的长江三峡水利枢纽工程正式开工，1997 年 11 月 8 日实现大江截流，2003 年实现二期工程蓄水、通航、发电三大目标。2010 年，三峡水库成功蓄水至 175 米水位，其防洪、发电、通航、补水等功能达到设计要求，开始发挥综合效益。

三峡集团诞生于湖北，成长于湖北，其主营业务为水电工程建设与管理、电力生产及提供相关专业技术服务，经过近三十年持续、高质量、快速发展，现已成为中国最大的清洁能源集团、全球最大的水电开发与运营企业、可再生能源生产与运营集团。截至 2021 年 6 月，三峡集团的水电、风电、太阳能等清洁可再生能源项目已遍及中国 33 个省市区及全球 40 多个国家和地区，资产规模超过 1 万亿元。

三峡集团总部迁回武汉，是党中央、国务院的重大决策，是国家深入推动长江经济带发展、长江中游城市群协同发展，促进中部地区崛起的国家战略。2020 年，三峡水电站年发电量达到 1118 亿千瓦时，创世界单座水电站年发电量新纪录，同年三峡集团完成投资超过 1760 亿元、利润总额超过 550 亿元。中国三峡集团总部落户武汉，将改变武汉的经济重心。作为全球最大的清洁可再生能源集团，三峡集团将给武汉经济社会实现绿色发展、国有经济布局优化和结构调整带来新机遇；其能源产业链上的一百多家企业、科研院所，也将随之在武汉设立总部或分支机构，将有助于武汉吸纳更多优秀人才，区域发展将更具活力；三峡集团落户武汉前后，中国信科集团总部和中国铁建港航局集团华中总部等近 50 个央企的总部、区域总部、功能性总部纷纷布局武汉，武汉已成为央企发展热土，其战略地位与资源要素整合能力得以凸显，城市吸引力和综合竞争力大为增强。

中国三峡集团落户武汉，得到武汉市江岸区政府大力支持和精心安排。2018 年 12 月，三峡集团全资子公司长江生态环保集团有限公司与江岸区签订落户协议，长江生态环保集团将携手地方政府大踏步推进长江大保护事业，推动长江经济带发展。2020 年 8 月，三峡集团旗下三峡基地发展有限公司注册地改为武汉市江岸区。2021 年 6 月，为保障中国三峡集团总部顺利迁汉，武汉市江岸区政府展现出了最大诚意和极大热情，他们将区委、区政府办公楼腾出，供三峡集团使用，区委、区政府各机构则搬迁至江岸区后湖江岸科技大厦等地办公。为招商引资而将政府办公大院让出，这生动诠释了武汉市优化营商环境的决心与努力。武汉市将以三峡集团总部搬迁至武汉为契机，进一步深化政企合作、共谋城市发展，共同谱写新时代高质量发展新篇章。

中国长江三峡集团总部搬迁至武汉市江岸区大事记

2021 年 5 月 11 日，江岸区委副书记、区长余志成带队赴北京，前往中国三峡集团总部，拜访三峡集团党组书记、董事长雷鸣山，展示江岸区区位、产业、教育、交通等优势，招引三峡集团总部落户江岸。江岸区副区长叶晓飞陪同拜访。

2021 年 5 月 13 日，湖北省委、省政府召开湖北省支持三峡集团回迁工作领导小组第一次会议，研究部署三峡集团回迁服务保障工作，要求武汉市尽快腾出江岸区委、区政府机关大楼，确保当年 6 月中旬前具备三峡集团总部搬迁并在此处办公的条件。

2021年5月15日，区委副书记、区长余志成在江岸区机关大楼920会议室接待三峡集团总部疏解搬迁工作组，与三峡集团综合管理部主任齐腾云，三峡集团数字化管理中心主任张润时，三峡基地发展有限公司党委书记、董事长李磊，三峡集团宣传与品牌部主任、三峡出版传媒公司党委书记、执行董事张海星等进行座谈，就三峡集团总部搬迁、区政府机关大院腾出等工作进行沟通。区委常委、常务副区长祁琳，区委常委、区委办公室主任梁华勇，副区长熊俊陪同。

2021年5月18日，区委、区政府研究成立江岸区支持三峡集团回迁工作领导小组，区委副书记、区长余志成任组长；区委常委、常务副区长祁琳，区委常委、区委办公室主任梁华勇，副区长叶晓飞、熊俊任副组长；18家单位主要负责人为小组成员。领导小组下设综合协调组、办公场所服务保障组、工商税务服务保障组、过渡住房服务保障组、土地项目服务保障组、教育医疗服务保障组等六个专项工作组。

2021年5月25日，区长余志成主持召开区人民政府2021年第17次常务会议，专题研究服务保障三峡集团回迁落户及搬迁区政府机关有关工作。会议要求，坚决服从中央、省、市、区决策部署，根据搬迁方案中的时间节点，坚决按时完成搬迁方案。

2021年5月31日，江岸区分三批完成机关大院内30家单位的搬迁工作，其中区“四大家”及常委各部门搬迁至江岸科技大厦（位于江岸区兴业路145号），机关大院内其他单位搬迁至黄浦科技大厦（位于江岸区石桥一路3号）。当天，将机关大院物业管理权移交至三峡集团。

2021年6月4日，湖北三峡生态环境有限公司在江岸区注册成立，主营业务是自来水生产与供应、城市建筑垃圾处置，注册资本1亿元。其上级公司为长江三峡水电工程有限公司（注册地为宜昌，上级公司为三峡基地发展有限公司）。

2021年6月16日，为认真贯彻落实当年5月8日省委、省政府主要领导与三峡集团主要领导会谈精神和武汉市程用文市长重要指示精神，加强与三峡集团的联系，主动优化服务，保障三峡集团总部挂牌落户，区委副书记、区长余志成带队，前往位于北京的中国三峡集团总部，开展专项招商和上门服务工作，区委常委、常务副区长祁琳陪同。

2021 年 9 月 21 日，区委副书记、区长余志成带队赴三峡集团驻武汉专班驻地，与驻汉专班主要领导座谈，了解企业挂牌准备情况，给三峡集团在汉干部职工送去中秋节慰问。次日，余志成赴三峡集团六合路办公区，深入办公大楼、会议中心、食堂等改造施工现场，深入调研挂牌准备有关工作，对三峡集团六合路院区绿化、主干道氛围营造、周边环境卫生、交通秩序维护、舆情管控等工作进行部署。区委常委、常务副区长祁琳陪同。

2021 年 9 月 23 日，三峡云环境科技（湖北）有限公司在江岸区注册成立，主营业务是危险废物经营等，注册资本 5000 万元，其上级公司为长江清源节能环保有限公司（注册地为上海，上级公司为长江生态环保集团有限公司）。

2021 年 9 月 26 日，中国长江三峡集团有限公司总部搬迁武汉大会在武汉召开，标志着中国长江三峡集团总部成功从北京迁回湖北。国务委员王勇与国务院国资委、湖北省委省政府主要领导参会。

2021 年 11 月 23 日，区委副书记、区长余志成亲赴江岸区六合路三峡集团总部现场办公，了解企业搬迁、职工周转房等需求，要求房管局、国资经营公司等单位迅速解决。12 月 13 日，余志成再次带队到周转房项目现场进行督导检查，要求高标准装修，提高住房保障水平。

2021 年 11 月 29 日、12 月 29 日，江岸区协助三峡集团先后完成税务和工商关系迁转登记。

2021 年 12 月 7 日，长江三峡投资（湖北）有限公司在江岸区注册成立，主营业务是投资管理与资产管理，注册资本 20 亿元，上级公司为长江三峡投资管理有限公司（注册地为上海）。

2021 年 12 月 10 日，三峡道达尔能源充电服务（湖北）有限公司在江岸区注册成立，为中外合资企业，主营业务为充电设施建设与运营，注册资本 7 亿元，其上级公司为三峡资本控股有限责任公司（注册地为北京）等。

2021 年 12 月 29 日，按照区委、区政府主要领导批示精神，成立由区政协主席祁琳任组长、区政府各分管领导任副组长的区服务三峡集团相关事宜协调工作领导小组，下设综合协调组、财源建设组、招商引资组、产业项目对接组、住房服务保障组、土地项目服务保障组、教育医疗服务保障组等7个专项工作组，持续对接服务三峡集团总部回迁后的各项工作。

2022年1月17日，区委书记姚彬，区委副书记、区长余志成带领区专班，与三峡集团党委书记、董事长雷鸣山就深化央地合作进行沟通协商。

2022年1月26日，区委副书记、区长余志成召开区政府常务会议，研究制定三峡集团人才奖励政策。

2022年3月9日，为认真贯彻落实省委常委、市委书记郭元强，市委副书记、市长程用文与三峡集团党组书记、董事长雷鸣山座谈会议精神，持续做好三峡集团回迁后的服务保障工作，推动三峡集团进一步扩大在汉投资，区委副书记、区长余志成主持召开江岸区对接服务三峡集团有关工作专题会议，区领导祁琳、叶晓飞、张念强、张皓参加会议。

2022年3月24日，为深入推进3月10日江岸区与三峡集团座谈会上的有关决策落实，区委副书记、区长余志成，区服务三峡集团相关事宜协调工作领导小组组长、区政协主席祁琳，接待三峡集团总经理助理、人力资源部主任关柳玉一行，召开工作对接专题会，就三峡集团武汉基地建设、产业项目对接、科创园建设运营及后勤保障等工作进行了专题研究。

2022年5月11日，为持续做好三峡集团回迁后的各项服务保障工作，区委副书记、区长余志成主持召开江岸区服务三峡集团专题调度会议，听取近期服务情况汇报，研究解决存在的问题，部署下一阶段重点工作。

2022年6月1日，为贯彻落实省、市主要领导关于为三峡集团发展全力做好服务的工作要求，区委书记姚彬与区委副书记、区长余志成带队拜访三峡集团，与三峡集团党组书记、董事长雷鸣山进行座谈，介绍江岸经济社会发展情况，就进一步服务三峡集团发展、深化战略合作等进行了深入交流。区人大常委会主任黄胜林、区政协主席祁琳及区领导梁华勇、朱功伟、张念强、张皓参加座谈。

上图均为中国长江三峡集团有限公司总部搬迁武汉大会现场。中国三峡集团总部办公大楼面对环境优美、空气清新的汉口江滩，原为江岸区委、区政府机关大楼。为迎接三峡集团总部落户武汉，武汉市江岸区做出非常之举，将机关大楼内的机构搬迁至江岸区后湖江岸科技大厦等地办公，对三峡集团总部的到来表现出极大的诚意与热情

三峡集团落户武汉，将推动清洁能源和长江生态环保“两翼齐飞”，给国有经济布局优化和结构调整提供新机遇，对武汉市区域新兴产业发展产生强劲的拉动作用

发展才是硬道理——六合路 1 号大院的故事

2021 年 9 月 26 日上午，中国长江三峡集团有限公司总部搬迁武汉大会在江岸区六合路 1 号大院举行。湖北省、武汉市主要领导先后致辞，国务院国资委领导发表讲话，三峡集团分别与湖北省、武汉市、宜昌市签署战略合作协议，国务委员王勇等领导为“三峡集团”揭牌。

整个活动隆重热烈又简短朴实。我作为辖区单位代表，有幸参加活动。

六合路 1 号地处武汉沿江大道旁，拥有一线江景，是汉口的黄金地段，大院占地 2 万余平方米，建筑面积约 5.1 万平方米。2001 年上半年，江岸区政府从黎黄陂路搬迁至此，如今，这里作为区政府驻地已有整整 20 年的时间。

2009年9月9日，我从武汉市直单位调到江岸区任职，这一天是毛泽东同志逝世33周年纪念日。当天上午，江岸区机关大院920会议室正在召开会议。我至今仍清晰地记得，我在会议上表态：“我一直在江岸区范围内工作，是江岸人民哺育了我。感谢党组织交给我为江岸服务的机会，我将尽我所能报效江岸。”

我在江岸区机关大楼1129办公室工作了7年多，虽然工作繁忙，但在此期间，我“关心群众生活，注意工作方法”，撰写文稿，起草报告，推动工作，结合实际，充分考虑同事间工作的协调，因而受到上级领导的肯定。

2016年10月17日，我因为转岗而搬到大楼701办公室办公。次年早春，我参加湖北省组织的政协系统业务培训，学成归来，我和同事共同努力，在5年内，5篇社情民意信息被国家采用，平均每年一篇，填补了本区在这方面的空白。至于我本人，公开发表了一些长短不一的文章，实现了自己的“小目标”。

对于三峡集团总部即将落户江岸的消息，我“近水楼台先得月”，较早就得知了。2021年5月14日，区里召开一个小型会议，传达湖北省支持三峡集团回迁工作领导小组的指示精神，决定由国资经营公司负责中一路江岸科技大厦的改造工程，要求他们保质保量完成任务。施工期间，烈日当头，我到过热火朝天的改造现场两次，并多次与分管同志商量搬迁方案和新办公楼的功能布局等。5月28日上午，在六合路1号大院办公的部门纷纷与机关大楼合影留念，之后便开始陆续搬家。

坐在中国长江三峡集团有限公司总部搬迁武汉大会会场，我聆听了湖北省委书记应勇同志的讲话，他要求湖北省继续发挥自身在区位、科教、人才、产业、公共服务等方面的优势，为包括三峡集团在内的广大企业创造良好的发展环境、优美的生态环境、宜业宜居的社会环境。我想，江岸人民有高度的政治自觉，他们在服务企业发展方面带了好头，做出了表率。

看到会场上熟悉的设施，我感到温馨而亲切，想起许多往事。对即将走下工作岗位的我来说，再次进入庄严肃穆的六合路1号大院的机会很少了，但我以后会有更多的时间沿着胜利街、五福路、六合路、沿江大道散步，能经常对曾经在其中度过12年时光的大院看上几眼，就够了！

汤维钧 / 撰文

二、长江左岸创意设计城——武汉“设计之都”核心区

2017 年，经联合国教科文组织评选批准，武汉成功被选为全球创意城市网络“设计之都”，由此成为继深圳、上海、北京之后的中国第四个“设计之都”。江岸区位于长江北岸，历史底蕴深厚、多元文化交融、人文景观丰富，是武汉市的政治、经济、文化、金融和信息中心之一。从 2018 年起，江岸区与法国圣埃蒂安设计联盟、中国武汉工程设计产业联盟、上海设计之都促进中心、武汉设计之都促进中心等机构，联合打造“武汉设计之都——长江左岸创意设计城”，建设武汉“设计之都”核心区。

进入 21 世纪以来，具有高技术含量、人才密集、低资源消耗、高增值性及强带动作用等特点的创意设计产业发展不断加快，创意设计包括工程设计、规划设计、时尚设计、工业设计产业等，在国民经济与社会发展中起到越来越重要的作用。经过“十三五”时期的大力发展，江岸区工程设计、规划设计产业已形成规模，创意时尚设计得到提升，工业设计大有可为。作为武汉“设计之都”进军国际化舞台的重要载体，长江左岸创意设计城将形成以工

武汉市设计产业年产值在全国排名第四，创意设计产业的影响力正在向周边辐射

图为长江左岸创意设计产业联盟成立现场。今天，长江左岸创意设计城已有阿里云创新中心、人人视频海外内容生产基地等入驻，创意设计生态圈已经形成

程设计为核心，工业设计、家装设计、艺术设计（包括动漫游戏、数字出版）等为重要内容的多元发展创意设计产业链，促进创意设计产业蓬勃发展。武汉“设计之都”核心区——长江左岸创意设计城片区由解放大道、武汉大道、一元路、沿江大道围合而成，已有11家知名工程设计机构、15家景观及家装设计机构及9个工程打印、三维效果制作等方面的大型机构入驻。长江左岸创意设计城片区拥有诸多历史建筑，展示出武汉深厚的历史文化底蕴。片区建设以“高起点规划、高标准建设、高水平管理、高质量发展、高品质生活”为目标，推动城市更新、文脉传承、产业升级三位一体融合发展，着力构建“热带雨林式”创意设计产业生态圈。

武汉作为全国中部城市中唯一的“设计之都”，也是交通枢纽城市，其影响力向周边辐射，能够有效促进长江中游都市发展，向世界展示长江主轴城市集群魅力。以长江左岸创意设计城为代表的江岸区创意设计产业集群，有望成为全国甚至全球瞩目的“水谷”。

图为“国潮 江岸潮”创意设计产品发布现场。江岸区已形成包括水利水电勘察设计、市政交通设计、建筑规划设计、景观环境设计等五大类创意设计产业体系，创意设计产业已成为区域经济发展新动力

由远洋集团与武汉二零四九集团施工的“武汉设计之心”正在建设中

三、“老城新生”的“引擎”——江岸国资公司

汉口历史风貌区是老汉口的核心区，沿长江横跨江岸、江汉两区，总面积 6.02 平方千米，其中江岸片区为沿江大道、江汉路、京汉大道、黄浦路的围合区域，面积 3.35 平方千米。在这片区域里，有文物建筑 66 处，占武汉市文物建筑总数的 21.7%，其中国家级文物建筑 19 处。有优秀历史建筑 138 处，占全市总数的 72%。江岸区拥有坤厚里、延庆里、三德里、汉润里、咸安坊等特色里份 27 处，其中 18 处被列入保护名录，占全市受保护里份的 89%。江岸区拥有以“天下第一步行街”江汉路步行街、“百年老街”中山大道为代表的传统商业街区，还有以武汉天地、吉庆街为代表的集聚武汉民间饮食和现代时尚餐饮的特色大型美食街区。江岸区东侧全线临江，紧邻亚洲最大的江滩文化公园——汉口江滩公园一期，拥有 130 公顷滨江绿地。

江岸区在保护和建设汉口历史风貌区的工作过程中，统筹经济社会发展，统筹人与自然和谐发展，将在优化结构、提高质量和效益的基础上实现加快经济发展作为既定方针，取得了不俗成绩。2014 年以来，武汉市江岸国有资产经营管理有限责任公司深度参与这项工作，承担了多项重要任务，成为“老城新生”过程中“功率”巨大的“拉动引擎”。

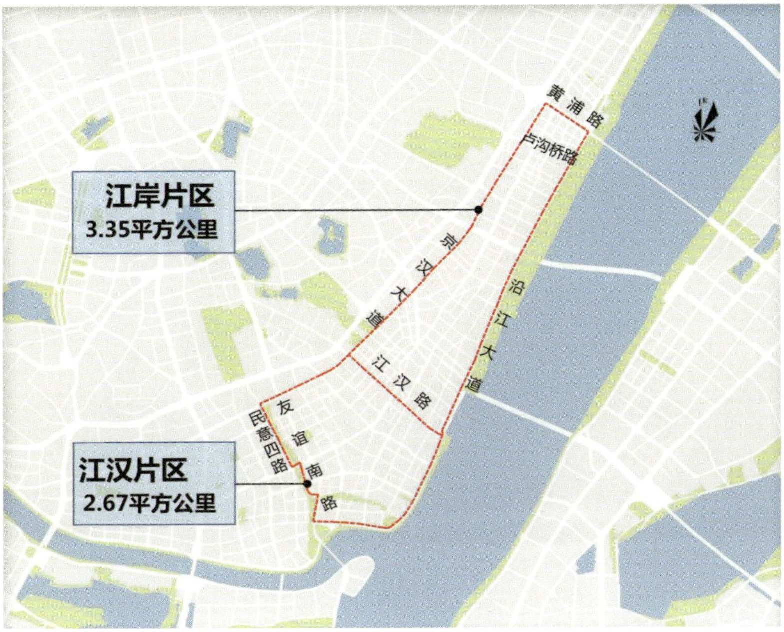

汉口历史风貌区地图

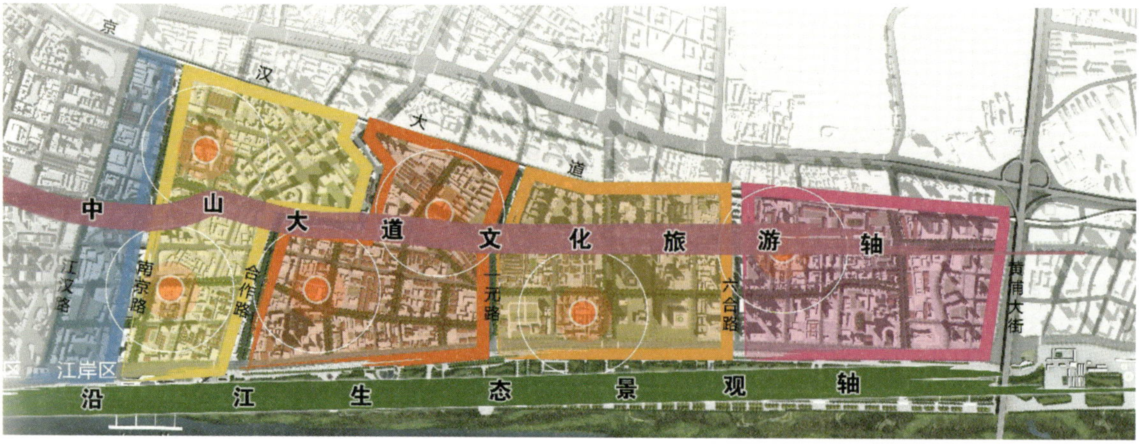

江岸区在汉口历史风貌区保护和建设工作中按照“两轴引领（中山大道文化旅游轴、沿江生态景观轴）、四片联动（青岛路历史文化街区、“八七”会址历史文化街区、三阳路设计互联区、六合路民生示范区）”设计规划，严守“修旧如故”底线。江岸国资公司严格遵循江岸区制定的工作原则，为完成这一“大手笔”提供了坚实保障

2016 年，江岸区实施 1.78 千米长的中山大道（江汉路与一元路之间）改造工程，江岸国资公司参与施工，整治房屋立面9.5万平方米，整修建筑88处，亮化建筑63处，保护利用优秀历史建筑33处、普通建筑55处，起到了举足轻重的作用

图为巴公房子。2014 年 11 月开始，江岸区启动黎黄陂路历史文化展示区首个项目——巴公房子改造。2015 年，江岸国资公司承担了八七会议会址历史文化街区房屋改造工程，对该片区的 31 栋房屋实施立面整治、结构加固和广告店招，实现了质量与效益同步发展

改造后的黎黄陂路

2016 年，江岸国资公司对汉润里片、三德里片、巴公房子片、珞珈山街片、少儿图书馆片、保元里片等条件成熟的片区成功实施清理利用工程，有效保证了整体保护式改造工程的顺利完成

兰陵路改造前后对比图。2017 年，江岸国资公司陆续启动兰陵路、合作路特色文化街区环境整治工程。工程完成后，兰陵路、合作路与黎黄陂路步行街相连，给旅游产业升级提供了良好的基础条件

江岸区针对汉口历史风貌区建设开展历史价值提升、老旧社区治理、公共空间提质、基础设施优化四大行动，实施了平和打包厂旧址、武汉中共中央机关旧址、圣教书局旧址等的保护修缮，平和坊、上海村的清理整治，江汉路步行街及区内“口袋”公园、公共停车场的综合打造，码头、岸线、历史风貌区排水设施改造等重要工程。江岸国资公司在这一系列工程中担任了重要角色

武汉中共中央机关旧址改造前后对比图。2016 年 10 月，位于汉口胜利街的武汉中共中央机关旧址纪念馆对外开放，今天，这里已成为打造汉口历史风貌区红色体验之旅的重要基地。 在此之前，江岸国资公司有效完成了中共中央机关旧址居民的腾退、安置和房屋基础性保护等工作，为其恢复“红色之身”做出了重要贡献

2018 年，江岸国资公司承担沿江大道卓越片区历史建筑群综合整治工作，对沿江大道两百余栋建筑进行立面整治、修缮，对其中六十六栋重要历史建筑按照“修旧如故”的原则进行了妥善处理。这项工程恢复了沿江大道卓越片区历史建筑的本来面貌，延续了历史文脉

平和坊改造施工图。2020 年，江岸国资公司承担汉口文创谷二期工程，负责其中平和坊老旧社区改造项目。该改造项目完成了平和坊“花漾街区”的景观更新，并引进相关企业。现在，平和坊已成为受武汉市民青睐的网红打卡地

改造中的平和坊

武汉市江岸国有资产经营管理有限责任公司
参与汉口历史风貌区建设项目成果

2014年1月，在武汉中共中央机关旧址纪念馆及周边环境提升工程中，秉承“修旧如故，保留原貌，防止建设性破坏”工作原则，江岸国资公司优质完成了任务。2017年6月，该项目荣获武汉市政工程金奖。

2014至2015年，参与黎黄陂路片房屋改造工程，对黎黄陂路片31栋房屋实施立面整治、结构加固、广告店招。

2015年，负责汉口东正教堂保护修缮工程，助力“万里茶道”申遗。俄罗斯总统驻伏尔加河沿岸联邦区全权代表巴比奇一行参加了教堂修复竣工仪式暨“武汉中俄文化交流馆”揭牌仪式。该工程得到了一致好评。

2016年，全面启动老汉口里份成片腾退利用工程。对汉润里片、三德里片、巴公房子片、珞珈山街片、少儿图书馆片、保元里片等条件成熟的片区成功实施清理利用工程，对17万平方米左右的土地进行腾退，有效保证了整体保护式改造工程的顺利完成。

2016年，江岸区实施1.78千米长的中山大道（江汉路与一元路之间）改造工程，江岸国资公司参与施工，整治房屋立面9.5万平方米，整修建筑88处，亮化建筑63处，保护利用优秀历史建筑33处、普通建筑55处。

2017年，江岸国资公司承担汉口文创谷一期工程平和打包厂旧址改造施工，此工程荣获2019年度联合国教科文组织亚太地区文化遗产保护奖荣誉奖。二期项目平和坊老旧社区改造完工后，招商引进诚通高科等企业。

2017年，在中山大道景观升级改造工程中，采取首席专家负责制，对沿线33处文物及优秀历史建筑实施“一栋一册”方案，使百年老街精彩重现。

2017年，陆续启动黎黄陂路、兰陵路、合作路特色文化街区整治工程，工程完成后，兰陵路、合作路与黎黄陂路步行街相连，给该片区旅游产业升级提供了基础条件。

2018年，实施武汉中共中央机关旧址、武汉卫戍司令部旧址、同兴里4号、真光照相馆房屋腾退及修缮工程。

2018年，在汉口沿江大道卓越片区历史建筑群综合整治工程中，对沿江大道卓越片区包括六十六栋历史建筑在内的两百余栋建筑进行立面整治，还原汉口江滩历史建筑的原有风格，延续了历史文脉。

2019年，在江汉路步行街街区环境提档升级工程中开展立面整治、门面招牌整治、道路综合整治等项目建设。

2020年，完成汉口文创谷二期平和坊老旧社区改造项目。平和坊已形成武汉新型的“花漾街区”，成为受武汉市民青睐的网红打卡地。

四、汉口历史文化中心建设方兴未艾

“汉口历史文化中心建设”是江岸区实施文化工程建设的核心工作。2021 年以来，江岸区推进改善汉口历史文化空间品质、提升文旅产业、壮大创意设计产业、提质公共文化服务四大行动，对文旅事业和文创产业发展产生了巨大吸引力，有大批设计公司、文化创意企业落户汉口历史风貌区，尤其是设置于区内的创立方产业园、多牛世界时尚创意产业园。汉口历史风貌区的中华全国总工会旧址、中共中央长江局旧址、武汉中共中央机关旧址、武汉卫戍司令部旧址，巴公房子，德明饭店旧址、武汉商业银行大楼旧址，咸安坊、保元里、汉润里、三德里等特色里份均纳入历史建筑改造项目，其中多处已经完成或接近完成改造。

美国知名设计师走进汉口历史风貌区

2021年，江岸区发布《江岸红色地图》，标注了重要的旧址及纪念地，共35处，并将电子地图上传至互联网，供游客按图索骥，以领略江岸的红色文化。江汉路步行街、江汉朝宗风景区作为武汉市景区代表，入选第一批国家级夜间文化和旅游消费集聚区；江汉路步行街还入选第二批全国示范步行街；黎黄陂路步行街和吉庆民俗街入选首批湖北省旅游休闲街区。

2022年，江岸区继续推进汉口历史文化中心建设，其主要内容有：抓好在建项目进度，依托文物建筑，如汉口中华全国总工会旧址、武汉中共中央机关旧址等不可移动文物，设置纪念馆；配合市文旅局、市旅游体育集团有限公司，严格依照文物保护"四必要"原则，做好风貌区内的文物保护工作。2022年计划完成老旧小区一期改造、一元路特色街巷、青岛路特色花街等7个单项建设；结合交通组织方案，分批启动胜利街等3条特色街巷建设；依托重点街区、人气景点、历史文化旅游线路及特色美食，如吉庆街、黎黄陂路、武汉天地等，聚力打造"国际风筝节""大江金岸""四季歌""云上非遗""吉庆之星"等特色活动，将"吃、住、行、游、购、娱"一体化升级，推动江岸"旅游经济"尤其是"夜游经济"的蓬勃发展，释放出汉口历史文化中心及江岸文化旅游事业的巨大吸引力。现在，江岸区的大批历史建筑已洗去百年尘埃，儒雅回归。老街区"蝶变"，老房子新生，历史街区正在焕发出新的活力！

"设计明天——圣埃蒂安设计展"在汉口历史风貌区举办

“留、改、拆”分类推进策略中的智慧

美轮美奂的“知音号”游轮

江岸区实行“留、改、拆”分类推进策略，是在城市更新中抛弃房地产开发思维的实践经验总结。留，就是保留历史建筑；改，是对城市老建筑进行升级改造；拆，是指拆除过于破旧的危房。三者中“留”占首位，为的是保护武汉建筑文化，传承城市文脉。建筑代表一个时代，具有重要的存在意义。从“大拆大建”到“留、改、拆”并举，江岸区总结了城市更新的经验，“让年轻一代了解父辈们的生活，了解脚下这片土地上曾经发生的故事，续写历史记忆”是“留”的主旨，在城市更新建设的市场化运作、社会多方参与、融资多元化等条件下，“以‘留’为主旨，给历史建筑以尊重”，已成为江岸城市更新工作中的指导思想。

历史街区的活化利用

“让历史建筑说话、让历史建筑活起来”是江岸历史街区活化保护工作的显著特征。位于汉口青岛路 10 号的平和打包厂旧址，承载着一个时代的记忆，现在已开发成为一个文创园区，是武汉城市更新过程中历史文化和特色风貌保护的典型。

平和打包厂旧址新铺设的钢结构透明穹顶，开办的充满文艺气息的书店、家具店、咖啡馆以及脱口秀剧场，营造出现代时尚氛围，平和打包厂旧址现已成为越来越受年轻人喜爱

平和打包厂旧址改造项目获得 2019 年度联合国教科文组织亚太文化遗产保护奖荣誉奖。颁奖评委对这项工程予以如下评价：该项目对遗产建筑原状给予了尊重，修缮凸显了最小干预原则，增强了历史工业建筑群与当地社群的关系，在遗产历史价值的保护与其当下及未来需求之间成功地实现了平衡

的网红打卡地，实现了用街区来呈现武汉的历史记忆和特色风貌的目标。

江岸区在加强城市历史街区的保护时，注重对历史街区的活化利用，注意规划制定中的道路、绿地、休闲空间和商业空间之间的平衡，让市民在受保护的历史街区中体会老城味道和城市记忆。历史风貌街区保护所注重的“旧为新用”，在平和打包厂旧址的改造过程中得到深刻诠释。

百年老街“修旧如故”，助推商业振兴

2015 年，江岸区按照建设文化旅游大道标准，开启汉口中山大道（江汉路至一元路段）改造工程，项目总长度 1.78 千米，共涉及建筑 88 处，涵盖文物建筑、优秀历史建筑 33 处，一般建筑 55 处。改造后的中山大道再现了“万国建筑博物馆”的风貌，呈现出“百年繁华、岁月经典”的总体风格，沿路各重要路口将周边区域景观纳入“万国建筑博物馆”中，老汉口风情尽显。江汉路及中山大道历史街区已成为武汉唯一的国家级历史文化街区，其改造工程荣获世界城市规划领域最高奖项——“规划卓越奖”。现在，中山大道历史文化街区集中了百货商店、休闲娱乐场所、餐饮店铺、酒店等商业业态，为武汉商业品牌荟萃之地。

经过升级改造后的中山大道（江汉路至一元路段）

啡尝时尚街区——黎黄陂路步行街

黎黄陂路步行街上欢愉的孩子们

始建于20世纪初的黎黄陂路，连接胜利街与洞庭街，有着上百年历史。2016年，黎黄陂路改造工程完工，黎黄陂路（沿江大道至胜利街段）、珞珈山街（黎黄陂路至兰陵路段）组合成“T”字形历史风貌步行街。在604米长的黎黄陂路上，有宋庆龄汉口旧居纪念馆、汉口美国海军基督教青年会旧址、顺丰洋行旧址、巴公房子、汉口首善堂旧址等多座历史建筑物，聚集了博物馆、咖啡馆、个性餐饮、精品店、文创设计公司等数百家店铺或公司。2019年，江岸区在黎黄陂路步行街举办“漫品生活 啡尝江岸”咖啡音乐节，使这里成为集创意、时尚、消费于一体的魅力街区。

汉味民俗主题商业街区——吉庆街

每当夜幕降临，吉庆街就变得灯火辉煌、人声鼎沸。美食文化和民俗文化在这里交汇，这里是领略武汉都市风情的最好窗口。2009 年，江岸区按照现代商业和文化的要求，重新规划吉庆街的建筑形态和商业布局。改造后的吉庆街以红、白、黑三色为主，屋顶全部用瓦片铺盖，红色砖墙，弧形屋顶，走廊配备宝瓶柱，具有典型的老汉口建筑风格。2016 年以来，通过针对性招商引资，吉庆街已成为多种商业业态共存且互补的汉味民俗主题商业街区。在汉味美食上，吉庆街拥有老通城、四季美、蔡林记、汪玉霞等老字号。

新吉庆街受到许多外国游客的青睐

夜间的吉庆街充盈着老汉口文化元素

五、媒体聚焦大江金岸

江岸区地处大汉口核心区，景色优美，是一个富有诗意之地，16.8千米的长江岸线在这里延绵，亚洲最大的滨江公园——汉口江滩公园坐落于此，构成沿江的标志性景观空间。因此，江岸被喜爱她的人称为“大江金岸”。作为武汉城市近代化的起点之一，江岸有着东西方文化交融的独特魅力，辖区内众多富有异国情调的优秀历史建筑，见证了城市的变迁与发展；鳞次栉比的红色场馆，诉说着过去风云激荡的光辉岁月。这里是武汉政治、经济、文化、信息中心之一，经济社会发展各项指标均居全市前列。近年来，江岸区受到媒体的广泛关注，“大江金岸”以令人振奋的姿态出现在世人面前！

江岸打造长江左岸创意设计城　建设设计之都核心区

文化创意和设计服务具有高知识性、高增值性和低能耗、低污染等特征。推进文化创意和设计服务等新型高端服务业发展，促进其与实体经济深度融合，是培育国民经济新的增长点、提升国家文化软实力和产业竞争力的重大举措，是发展创新型经济、促进经济结构调整和发展方式转变的内在要求。

为建设现代化经济体系，落实市委、市政府工作部署，助力“三化”大武汉建设，江岸区联手法国圣埃蒂安设计联盟、武汉工程设计产业联盟打造“武汉设计之都——长江左岸创意设计城”。

拟规划建设的长江左岸创意设计城总用地面积约为1.87平方千米，由解放大道、武汉大道、一元路、沿江大道围合而成，紧邻长江，东、西临近江滩公园、解放公园。该区域地处长江主轴核心区，交通条件优越、历史底蕴深厚、产业基础完善，是集中展示长江文化、生态特色、发展成就和城市文明的窗口，是武汉“设计之都”设计产业进军国际化舞台的重要载体。

经济基础雄厚　创意文化氛围浓郁

2017年，江岸区生产总值跃上千亿元平台，其中重点创意设计企业预计总产值超过100亿元，同比增长15%，占全区现代服务业总产值18%以上；中国市政工程中南设计研究总院有限公司、中信建筑设计研究总院有限公司主营收入增幅分别达到55%、105%，创意设计产业在江岸区蓬勃发展。

目前江岸区有58家重点工程设计创意企业，以长江勘测规划设计研究有限责任公司、中国市政工程中南设计研究总院有限公司、中信建筑设计研究总院有限公司、华东建筑集团股份有限公司为代表，仅这4家企业就拥有员工14000余人，其中中国工程院院士5名、国家级专家43名、有高级职称的员工2300余人，产业、人才高度聚集。

法国圣埃蒂安设计展走进江岸

特色资源丰富　形成创意设计沃土

江岸区拥有大批优秀历史文化建筑，沿江大道聚集着多国独特设计的建筑，依托长江主轴，还将开发滨江景观游览、水上游乐、水中健身、滨水文化休闲、滨水生态度假等旅游项目，助推长江左岸大道打造世界级滨水景观大道，助推汉口江滩公园打造生态文明共享体验区。

目前江岸区正在统筹编制《长江左岸创意设计城建设导则》，拟定项目清单，推进相关项目规划、建设；制定招商引资政策，开展招商活动，大力推进楼宇经济，完善“长江左岸创意设计城”产业布局；制定人才引进政策，开展招才活动，建立人才服务站，提供一站式服务，为国内外设计人才交流、互动提供便利；筹备开展2018全球青年“城市家具”创意设计大赛，不断提升城市美誉度和影响力。

（文章原载于2018年1月9日《长江日报》，收入本书时稍作修订）

江岸：优化创意设计平台　高质量推动区域产业转型升级

长江，奔腾不息，纳百川千湖，连起锦绣壮美的华夏大地。江岸，地处长江北岸，依水而立、得水而兴，沿江岸线长达 16.8 千米。发挥长江资源优势、推动区域经济高质量发展，是江岸一直以来的追求。

为把省委、市委的各项部署和要求转化为推动江岸高质量发展的具体行动，5 月 19 日，“长江左岸 创设未来”——2018 全国青年“城市家具”创意设计大赛正式启动，面向全国各艺术设计高校师生、青年专业设计师、设计爱好者征集“城市家具”创意设计作品。

创意设计产业是江岸产业格局的重要组成部分。中信建筑设计研究总院、中国市政工程中南设计研究总院、长江勘测规划设计研究院等 12 家大型知名工程设计机构，15 家景观及家装设计方面的企业，会聚江岸，涵盖了水利水电、市政交通、景观环境设计等国内设计行业领先门类。

2017 年，武汉市正式入选全球创意城市网络“设计之都”。江岸与法国圣埃蒂安设计联盟、武汉工程设计产业联盟联手，打造长江左岸创意设计城，建设设计之都核心

大江金岸

区。江岸承载着武汉“设计之都”建筑设计产业进军国际化舞台的重要责任。

在此基础上，本次大赛旨在通过搭建创意设计产品交流平台，吸引一批知名工业设计、产品设计企业和团队聚集落户江岸，吸引设计专业人才走进江岸，高品质打造长江左岸亮点区块。

启动仪式上，城市文化品牌创意设计联盟成立，并签约入驻长江左岸创意设计城，将与江岸区开展系列合作，打造江岸创意设计品牌，促进创意产业链发展，吸引全国、全球高端创意设计人才及项目落户江岸。联盟设计师代表、“建微知筑”事务所联合创始人、武汉大学城市设计学院特聘教师孙小暖表示：“将利用国际化的团队力量，根植于江岸地域文化，围绕生态景观等方面策划系列创意设计方案，让城市环境变得更美好。”

大赛组委会负责人发布赛制及赛程安排。本次大赛分为社会类金、银、铜奖，校园新星、星生代，优秀奖、网络奖等奖项。作品征集 5 月 19 日启动，10 月 20 日截止。比赛期间，大赛主办方还将走进北京、上海等“设计之都”，开展主题宣讲活动，邀请知名设计师讲授前沿设计理念。

武汉大学城市设计学院党委书记张仁杰在致辞中表示，江岸是文化交融之地，有着丰厚的历史文化资源，武汉大学有着充沛的人才资源，借助此次大赛，双方将加强合作，共同推动城市文化创意产业发展。

（文章原载于 2018 年 5 月 21 日《长江日报》，收入本书时稍作修订）

中国建筑科学研究院建筑设计院与江岸区合作共建长江左岸创意设计城

双方签约共建长江左岸创意设计城

2018 全国青年“城市家具”创意设计大赛走进北京活动举办期间，中国建筑科学研究院建筑设计院与江岸区建设局现场签署合作协议，开展全面合作，联手共建长江左岸创意设计城，共同擦亮“设计之都”金名片，打造武汉江岸创意设计品牌，促进创意产业链发展，激发创新、创意活力，为城市高质量发展注入强劲新动能。

与此同时，长江左岸创意设计城全球专家顾问团也在现场揭牌，致力搭建青年设计师参与城市创意设计的国际化平台，吸引全国、全球高端创意设计人才落户江岸。

协议约定，双方建立全面合作伙伴关系，增进创意设计领域的合作交流，提升江岸创意设计品牌形象，吸引优秀项目和人才落地；建立互访机制，并合作推动共建创意、创新、人才平台，为全国各地优秀青年设计师提供交流互动机会；在行业交流、设计创意、品牌宣传推介等方面互通信息，推动合作与交流；进一步延伸创意设计的合作，加快推进创意设计类企业、设计师工作室入驻江岸区长江左岸创意设计城。

“武汉地处‘九省通衢’，地理环境独特，区位条件优越，历史文化积淀深厚。武汉设计的历史悠久，发展实力雄厚，通过发展创意设计，不断激发产业活力，提升城市魅力。如今，武汉每天不一样！城市发展跑出加速度，城市面貌日新月异。”中国建筑科学研究院建筑设计院总建筑师薛明说。荣获联合国全球创意城市网络“设计之都”称号，让武汉和北京从此拥有了一张共同的名片，精心打造“设计之都”，成为两座城市一个共同的目标，长江左岸创意设计城就是其中的一个重要载体和抓手。

薛明表示，中国建筑科学研究院建筑设计院将以此为契机，深化与武汉市江岸区的合作，加强联络，互通有无，发挥各自优势，依托长江左岸创意设计城，共同推进设计与产业的融合，为武汉这座魅力之城做出更多贡献，让北京和武汉这两座拥有“设计之都”称号的城市在全球拥有更大的影响力。

（文章原载于 2018 年 9 月 17 日大武汉客户端，收入本书时稍作修订）

全球知名设计师
聚焦长江左岸创意设计城

长江左岸创意设计城全球专家顾问团揭牌仪式现场

威斯康星大学密尔沃基分校佩克艺术学院艺术与设计系教授 Yevgeniya Kaganovich:

武汉是一座历史文化名城，地理位置特殊，被称作“九省通衢”，历史意义和未来价值在这里交融。创意设计来自古代，指向未来，可以发挥联通东西方、沟通古今的巨大作用。因此，长江左岸创意设计城的打造，既要挖掘历史价值，也要面向未来、走向世界。

设计真正的价值在于实用。设计要真正用于实践，而不是束之高阁。城市公共空间如何有效利用，需要融合创意设计理念。全国青年“城市家具”创意设计大赛，是为年轻人量身定制的大赛，将吸引有创意、有活力的青年大学生和设计师参与其中，把创意带到全世界。

建筑师、清华大学建筑系博士后 Yassar Khadour：

我来到中国后，到的第一座城市就是武汉。在我眼中，武汉是中国非常美的城市。长江穿城而过，江河湖泊星罗棋布，与城市融为一体。因学术研究需要，我到过位于长江北岸的汉口，参观、拍摄黎黄陂路及周边的一栋栋历史建筑，开展相关基础调查和研究。这些具有独特风情的建筑在老城区林立，犹如一座世界建筑博物馆，让人印象深刻。

江岸区提出要规划建设长江左岸创意设计城、发展创意设计产业，我认为这是一个非常好的想法，这个理念很超前。它能为城市集聚优质的企业、人才、项目等资源，为城市可持续发展助力。“城市家具”是一座城市的象征。全国青年“城市家具”创意设计大赛这个活动很不错，给人带来很多惊喜。希望更多的青年设计师、大学生能够参与其中，在了解武汉历史人文环境的基础上，因地制宜，融入环境，注重功能，从城市细节入手，创作出具有城市特色的“城市家具”设计作品。

密尔沃基艺术与设计学院设计师 Tim Stoelting：

武汉的城市规划和布局让人印象深刻。汉口历史风貌区的黎黄陂路，风格多样的历史建筑沿街伫立，很有趣。好的创意设计是为城市、社区服务的，而且是可持续的。因此，我建议，江岸区在规划建设长江左岸创意设计城时，要建造更多公共空间，为市民提供休闲、放松的场所。“城市家具”的设计，要优先考虑选用加工少、绿色环保的原材料，比如木质材料，尽量保持原汁原味。

威斯康星大学密尔沃基分校佩克艺术学院艺术与设计系助理讲师 Jim Charles：

创意设计要与城市空间、环境相融合，要最大化融合城市居民的观念、生活习惯等。“城市家具”是体现城市环境、彰显城市人文特点的重要载体和符号。因此，城市建设要为创意设计提供更多展示和落地的空间。江岸区在武汉这座城市里专门规划建设创意设计城，我认为这是一个创举。我非常期望全球设计师能够与武汉本地设计师加强交流合作，创造出融合世界元素、更加多样化的设计作品。

（本文原载于《湖北日报》2018 年 8 月 31 日，收入本书时稍作删略）

2019 年 6 月 10 日，江岸区云上非遗节活动一天三登央视

2019 年 6 月 10 日，江岸区吉庆民俗街举办“文化和自然遗产日”云上非遗节活动，央视《朝闻天下》《新闻直播间》和《新闻联播》三个栏目报道了此次活动，这让江岸区吉庆民俗街在这个端午节赚足了关注度。

《新闻联播》栏目截屏

《朝闻天下》《新闻直播间》两栏目以“庆端午 非遗传统焕发新活力”为题，《新闻联播》则以“端午假期 文化旅游活动丰富多彩”为题，再现“文化和自然遗产日”云上非遗节活动的精彩瞬间。画面中，江岸区十余位非遗传承人、手工艺人带着非遗作品和手工艺绝活，向游客展示惟妙惟肖的泥塑、精美绝伦的木雕、活灵活现的面塑等传统文化作品，让市民近距离感受传统文化的魅力。

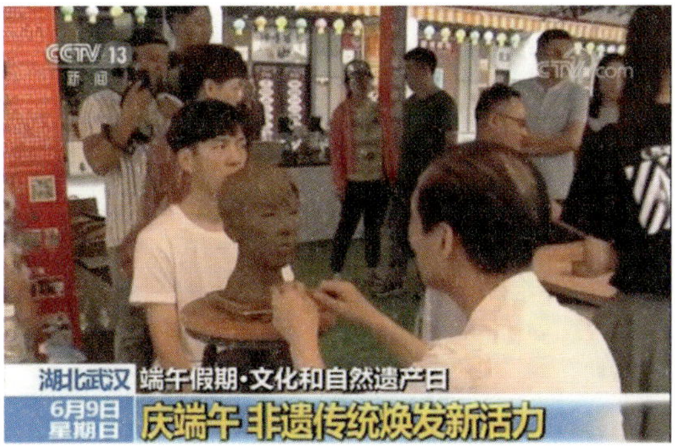

《新闻联播》栏目截屏

黎黄陂路咖啡沙龙开讲
交流咖啡故事

咖啡沙龙在黎黄陂路开讲

7日下午，“漫品生活 啡尝江岸”——首届黎黄陂路咖啡沙龙精彩举行。咖啡行业人士、对外文化交流大使、青年大学生等齐聚黎黄陂路，讲述咖啡故事，分享咖啡知识，交流咖啡文化，开启一场独特的中外咖啡文化之旅。

“大家知道咖啡的故乡在哪里、哪个国家的咖啡豆品质最高吗？”武汉咖啡协会理事长王志强现场发问。从事咖啡行业二十多年的他介绍，世界第一大咖啡豆产出国虽然是巴西，但巴西的咖啡豆并不是品质最好的。咖啡的真正发源地是非洲，品质最高的咖啡豆产自高海拔国家埃塞俄比亚。现代咖啡机的发明地意大利，却不产咖啡豆……一系列咖啡知识让在场大学生大开眼界。

《长江日报》高级记者、武汉对外文化交流协会副会长、军运会形象大使余熙回忆，1991年，他第一次踏出国门，首先到了瑞士，那里有雀巢咖啡的总部。从那时起，他便迷上咖啡，几乎每天都喝。当时，咖啡在中国还算是稀有产品，普及率不高，在国内买咖啡豆、咖啡粉非常难，主要依靠国外的朋友来中国时赠送或者自己出国购回。近30年过去，他的足迹已至全球70多个国家，咖啡一直伴随其左右。如今，咖啡馆遍布中国城市大街小巷，喝咖啡越来越便捷，通过网络、免税店等渠道也能买到各种各样的咖啡豆。“数十年来，咖啡行业在国内的发展，咖啡文化的传播与兴盛，是中国对外开放、人民生活幸福的重要符号和标志。”他感慨道，咖啡就像一本书、一首诗，让人遍尝酸甜苦辣，乐在其中。

“在百年老街上喝咖啡，我感觉非常棒。参加咖啡沙龙非常好。听了咖啡专家们的讲解，我大开眼界。”来自巴基斯坦的武汉理工大学博士生瑞曼直言，这条历史悠久的老街太有吸引力了，他要将它推荐给更多的留学生同学，带他们来这里逛老街，品咖啡。

（本文原载于2019年10月8日《长江日报》，收入本书时稍作删略）

江岸：精心保护 匠心利用
城市更新让历史街区焕发新活力

汉口沿江大道“蝶变新生”

10月14日，一则喜讯传来，江岸区青岛路平和打包厂旧址保护与再利用工程，荣获2019年度联合国教科文组织亚太地区文化遗产保护奖荣誉奖，这是武汉首次摘此奖项。

平和打包厂位于江岸区青岛路，是在汉开设最早的棉花打包厂，其旧址建筑是承载武汉近现代工商业发展历史的重要工业遗产建筑。江岸区在修缮平和打包厂旧址建筑过程中，最大程度恢复原貌，“修旧如故”。如今，一批文化艺术、创意科技企业纷纷入驻，让百年老建筑重焕新生。平和打包厂旧址的华丽变身，得益于江岸区对以保护为主的“留改拆”实践的不懈探索。

江岸，底蕴深厚、文化多元。自汉口开埠以来，沿江一带成为华中地区对外开放高地，东西方文化在长江之滨交融，百年中山大道沿线、黎黄陂路两侧，历史建筑林立，留存着珍贵的城市文脉和历史记忆，见证武汉近现代的沧桑巨变。

江岸区转变工作观念，积极探索“留、改、拆”并举的工作机制，创新工作方法，加快历史文化风貌街区保护和建设。精心保护，匠心利用，留住历史风貌，留下发展空间，努力在保护历史建筑、传承历史文脉方面着力打造全市标杆。

如今，一批历史建筑洗去百年尘埃，清爽回归。老街区“蝶变”，老房子“新生”，历史街区焕发新活力。

未来，江岸区将着眼恢复历史风貌，提升历史资源价值，发挥人文优势，建设改造各类博物馆，利用集群优势，打造连片式的城市核心步行区域，打造主题博览都市慢生活走廊。发挥创新优势，打造创新创业活力新高地。突出传统优势，打造公共文化消费生活体验区。突出区位优势，打造武汉全域旅游首要目的地，形成慢节奏生活消费区、汉口近代魅力城、长江文明展示地。

（本文原载于2019年10月16日《长江日报》，收入本书时稍作修订）

老房子变身时尚产业集聚地
汉口“文创谷”示范项目平和坊开街

红砖砌筑的墙面、柱壁分割的窗户、长且宽阔的走廊、欧式复古的书店……位于江岸区青岛路10号的百年优秀历史建筑平和打包厂旧址，经过保护性修缮和综合利用，成为武汉时尚文创产业创意集聚地、网红打卡地。12月31日，“汉口文创谷”启动示范项目平和坊正式开街。

平和坊位于江岸区青岛路、洞庭街、天津路、鄱阳街围合区域，地处汉口历史风貌区，占地面积约2.16万平方米，建筑面积约4.77万平方米。区域内有省级文保单位、拥有127年历史的老建筑汉口东正教堂，省级文保单位、拥有106年历史老建筑鲁兹故居，市级文保单位、有115年历史的老建筑平和打包厂旧址。其中，总建筑面积3.3万平方米的平和打包厂旧址，是武汉现存规模最大、保存最完整的早期工业建筑组群，是武汉市优秀历史建筑、文物保护单位，被认定为武汉首批“一级”工业遗产。

平和坊改造效果图

2017 年 3 月，江岸区国资公司启动平和坊一期平和打包厂文物保护性修缮工程，工程于 2018 年 6 月完工，2019 年初投入运营。在“留、改、拆”并举工作机制下，115 岁的平和打包厂旧址“蝶变新生”。2019 年，二期工程完成对平和打包厂旧址周边 6 栋单体建筑的保护改造，并新建面积为 5000 平方米的街头绿化广场。

2019 年 10 月，平和打包厂旧址保护与再利用工程荣获联合国教科文组织 2019 年度亚太地区文化遗产保护奖荣誉奖，这也是武汉首次摘此奖项。

人人视频、阿里云创新中心、武汉十点半、微梦传媒、鹅社书店艺术馆……一批文化创意企业扎堆入驻。目前，50 余家时尚设计、科技创意、互联网内容平台企业落户平和打包厂旧址，逐步形成文化、艺术、设计、科技、网红孵化、新媒体内容生产、网络平台宣发等多形态内容产业和高端人才集聚地。

江岸区介绍，汉口历史风貌区是汉口地区的核心区域。该区拿出辖区最好的空间，量身定做最好的政策，提供最好的服务，依托汉口历史风貌区，规划建设汉口文创谷，打造全市首个文化和科技融合的“创谷”。平和坊是汉口文创谷的示范项目，被列为武汉市重大项目。

“在平和打包厂旧址成功改造的基础上，我们建设平和坊。作为汉口文创谷的重要组成部分，它的开街必将成为城市又一产业集聚高地。”江岸区国资公司相关负责人说。平和坊将吸引海内外具有先进理念、丰富经验和世界影响力的城市合伙人，发展高端定制、时尚创意、时尚设计等产业，打造时尚产业创意生态系统。

（本文原载于 2019 年 12 月 30 日《长江日报》，收入本书时稍作修订）

央视聚焦红领巾小小讲解员
走进红色场馆，传承红色故事

2020年7月3日，中央电视台《朝闻天下》栏目报道了武汉市江岸区“红领巾小小讲解员”走进武汉中共中央机关旧址纪念馆的活动，这些小小讲解员通过实地讲解、情景剧表演、知识问答等方式，讲述历史故事，宣传红色文化。

央视《朝闻天下》栏目截屏：红领巾小小讲解员正对着镜头进行讲解

2020年7月2日，在武汉中共中央机关旧址纪念馆的入口处，作为“红领巾小小讲解员”的莫千惠正对着镜头绘声绘色地讲解着：“今天我将带您走进武汉中共中央机关旧址纪念馆，找寻中共中央在武汉领导中国革命的历史记忆。”刚录好的这段视频很快被传到江岸区的网课平台，让全区的小学生足不出户就能受到一次革命传统教育。

镜头转移后落在场馆里的一个皮箱上：“您现在看到的这个皮箱的主人是中共五大主要工作人员之一、中共中央秘书厅负责人——任作民同志。二十多年间，皮箱一直跟随着他，是他革命生涯的重要见证。”这段历史的讲解者是11岁的欧阳志星。他去年才加入江岸区“红领巾小小讲解员”队伍，每逢双休和寒暑假，他就过来为游客提供服务。如今，重新回到场

央视《朝闻天下》栏目截屏：红领巾小小讲解员在讲解馆内藏品

馆进行讲解，他很开心。当天，江岸区启动《“传承红色基因 争做时代新人”红领巾小小讲解员带你云游江岸红色场馆》视频拍摄工作，先后有 40 多名小小讲解员走进 8 个红色历史场馆，完成了视频的拍摄工作。

自 2016 年起，江岸区连续四年开展“红领巾小小讲解员”志愿服务活动，累计招募了 400 多名“红领巾小小讲解员”，他们是来自江岸区内各中小学的少先队员，他们深入江岸区内各个红色教育场馆，讲述党史国史，服务游客上万人次，每人平均服务时长达 100 小时。

武汉广播电视台 2021 年 3 月 21 日报道：串起 35 处百年党史足迹 《江岸红色地图》来了

中共中央机关旧址、武汉二七纪念馆、八七会议会址、中共中央宣传部旧址、宋庆龄汉口旧居……武汉市江岸区是具有光荣革命传统的城区，红色文化底蕴丰厚。2021 年 3 月 12 日，“传承红色基因 赋能美好江岸”江岸区红色足迹寻访活动启动仪式暨《江岸红色地图》发布仪式在二七纪念馆正式启动。即日起，市民可跟随红色地图开启一场红色之旅。

为追寻江岸红色印记、解读江岸红色历史文化，3 月 12 日上午，江岸区委宣传部在武汉二七纪念馆启动红色足迹寻访活动，一份串连着 35 处红色足迹的江岸红色地图正式出炉。据悉，这份地图翔实记录了早期中国共产党人在江岸活动留下的足迹。其中，包含重要革命旧址及纪念设施，涵盖了国家级、省级、市级文物保护单位，也有鲜为人知的红色资源。这些红色地标主要产生于 1919 年五四运动开始至 1949 年武汉解放，此外还包含新中国成立后兴建的各类纪念馆、展览馆等纪念设施，并详细标注了地址，方便读者查阅。电子地图也将同步上线，与纸质版相互呼应，并包含定位、搜索、介绍等功能，直观实用。

武汉中共中央机关旧址首席讲解员王储介绍，红色足迹寻访的是武汉市江岸区的一些

武汉广播电视台节目截屏

武汉广播电视台节目截屏

红色纪念馆，以追寻革命历史记忆。馆里面每一个展品，其实都是有故事的，游客都能够从中找寻到红色基因、红色记忆，通过这样的活动，能让大家以这些革命先烈、革命故事为榜样，学习他们的革命精神，然后更积极地投身于日常的工作生活中。

当日，江岸区成立红色足迹寻访团。包括全国道德模范王争艳在内的10位先进代表成为首批寻访团成员。江岸区是红色场馆比较集中的一个城区，一张红色地图将百年足迹串成线，为追寻江岸红色印记、学习党史提供了便利。首批寻访团成员中，有先进模范和各行各业先进代表，还有小小的少先队员。他们成长于基层，不仅是红色基因的传承者，更是红色文化的传播者。

中央、省、市媒体聚焦江岸：
“十四五”期间着力构建“531”产业体系

2021年6月10日下午，武汉市人民政府新闻办公室召开“‘965’在行动”系列新闻发布会第三场，江岸区区长余志成在会上对外发布江岸区“531”产业体系编制及产业发展情况。余志成介绍，今年以来，为贯彻落实市委市政府关于打造“五个中心”、加快建设现代化大武汉的决策部署，江岸区紧紧围绕谋划“十四五”发展，提出了加快打造汉口历史文化中心、国家双创示范基地，建设现代化强区的奋斗目标。“十四五”期间，江岸将依托“四区一带”战略空间布局，进一步打造汉口历史风貌区。

人民日报APP、人民网、央广网、《湖北日报》、凤凰网湖北、新浪微博、百度湖北、极目新闻、荆楚网、《长江日报》、长江网等中央、省、市主流媒体和新媒体集中关注报道，现场直播观看人数达57.2万，引发数百万网友关注、热议和点赞。

江岸区聚力构筑“531”现代产业体系详解：

“5”，就是着力巩固壮大金融保险、创意设计、商贸物流、文化旅游、生态环保五大主导产业。

巩固金融保险产业优势地位。目前，江岸区共有金融类区域总部机构93家，保险类区域性总部51家。规划到2025年，金融业增加值突破500亿元，金融首位度明显提升。

推动创意设计多元发展。“十四五”期间，江岸区将聚焦汉口历史文化中心和长江左岸创意设计城建设，依托中信设计、中南市政、长江勘测、正华设计等龙头企业，打造武汉“设计之都”核心区。

强化商贸物流辐射功能。“十四五”期间，江岸区将加快建设华润万象城等高端商业综合体和新荣商圈等商业新地标，进一步提升江汉路步行街、黎黄陂路、吉庆街、武汉天地等特色街区，打造全国新品名品首发地、时尚消费目的地、潮流品牌集聚地，建设武汉国际消费中心城市核心区。规划到2025年，限上商贸企业突破400家，商贸业增加值占GDP比重超过25%。

提升文化旅游发展水平。“十四五”期间，江岸区将依托辖区人文、自然资源优势，大力发展“全域旅游”，加快推进文旅融合，着力打造“五色”精品旅游体系，即：构建以历史风貌区、名人故居为主体的古色旅游；以红色场馆、红色故居等为主体的红色旅游；以长江生态、亲水文化为主体的蓝色旅游；以生态观光、生态休闲为主体的绿色旅游；以夜宴、夜购等为主体的夜色旅游。

加快布局生态环保产业。以长江生态环保集团等为龙头，加快引入生态环保产业的上下游企业，积极谋划建设生态环保集群，打造全国首屈一指的生态环保产业基地和创新中心。

“3”，就是着力发展生命健康、数字经济、人工智能等三大战略性新兴产业。积极践行“人民至上、生命至上”理念，优先发展生命健康产业。依托市中心医院、武汉儿童医院等5家三甲医院以及国华人寿等龙头企业，大力发展在线医疗、健康体检等细分领域，加快构建区域健康产业体系。

“1”，就是着力发展楼宇经济、总部经济。江岸区楼宇经济、总部经济集聚优势明显。现有高端商务写字楼74座，辖区入驻世界500强及跨国机构投资企业74家、外资企业248家。“十四五”期间，江岸区将依托汉口滨江国际商务区、建设大道金融产业带，加快建设一批高档商务楼宇，增强高端商务服务能力；大力实施“头部企业”招引三年行动，规划到2025年，新引进各类头部企业不少于50家，进一步提升江岸总部经济的行业影响力。

（本文原载于2021年6月10日湖北日报客户端，收入本书时稍作修订）

增强武汉总部经济吸引力

《长江日报》评论员杨于泽：随着三峡集团总部迁来，武汉有了东风汽车集团、中国信科集团与三峡集团 3 家央企总部，武汉总部经济实力将跃上一个新台阶。

三峡集团 2020 年发电量达到 1118 亿千瓦时，创二氧化碳减排效益将近 1 亿吨，在中央企业年度经营业绩考核中连续 14 年获评 A 级，被国务院国资委确定为我国首批创建世界一流示范企业之一。它的到来，是湖北、武汉发展的重大利好。

武汉一直致力于发展总部经济。早在 2009 年，武汉就发布了《关于加快我市总部经济发展的若干意见》，强调要大力发展与武汉城市地位和发展水平相适应的总部经济，把武汉建设成为我国重要的企业总部中心城市。随着武汉建设国家中心城市、打造“五个中心”、建设现代化大武汉，一定会有更多企业总部落户武汉。

总部经济与城市地位存在辩证关系，一座城市有多少企业总部，有什么层次的企业总部，总是与城市在国家发展格局中的地位相匹配，而集聚更多的企业总部则可以极大提升城市的实力和地位。企业总部落户，不仅带来税收和就业机会，而且还会带来巨大要素资源。

增强武汉总部经济吸引力，我们要着力打造在国内有重大影响、在国际上知名的总部经济集聚区，形成武汉总部经济对外的形象集中展示。武汉有独特区位优势、良好发展前景，我们要用创新思维，出实招、求实效，抓住机遇，吸引更多顶级企业总部。

（本文原载于 2021 年 9 月 27 日《长江日报》，收入本书时稍作修订）

回顾五年奋斗历程，展望未来发展蓝图

过去五年，极其不易，极不平凡。在以习近平同志为核心的党中央坚强领导下，按照省委、市委部署要求，江岸区委团结带领全区党员干部及群众，按照统筹推进“五位一体”总体布局，协调推进“四个全面”战略布局的要求，立足新发展阶段，完整、准确、全面贯彻新发展理念，积极服务和融入新发展格局，圆满完成了区第十二次党代会确立的目标任务，各项事业取得了新的显著成绩。

江岸区经济总量持续增长，地区生产总值突破千亿元，招商引资实际到位资金连续五年位居中心城区第一，营商环境考核连续两年位居全市第一。先后入选全国主城区竞争力百强区、全国营商环境百强区、全国最具投资潜力区域百强榜，获批中部教育现代化实验区、全国社区治理和服务创新实验区、国家区域双创示范基地……一个个“国字

在武汉中共中央机关旧址一平方千米范围内，聚集了大批珍贵的红色资源

包括黎黄陂路在内的“五色”精品旅游体系在区内形成

号”荣誉，汇聚成美好江岸的“金字招牌”。憧憬未来五年，江岸区将勇担使命、砥砺前行，为武汉建设“五个中心”、打造新时代英雄城市做出江岸的特殊贡献。

党建引领　凝聚奋进合力：在武汉中共中央机关旧址一平方公里范围内，聚集了八七会议会址等一批珍贵的红色旧址，红色基因已融入江岸人的血液。

产业升级　激发强劲动能：地区生产总值迈上千亿元台阶，预计 2021 年达到 1500 亿元。谋划构建“531”产业体系，金融保险、商贸物流、创意设计、文化旅游、生态环保等主导产业不断壮大。服务业增加值保持占江岸地区生产总值 80% 以上。

凝心聚力　思想文化阵地生机勃勃：江岸区文化事业和文化产业不断发展。《江岸红色地图》登上央视《新闻联播》，云上非遗节闻名全国，“社区主题活动日”获中宣部推介，“道德模范”群星闪耀，志愿者服务成为品牌，江岸区连续 8 届获评湖北省文明城区。

改革创新 探索发展新路径：江岸区建设大道金融产业带，金融保险总部聚集。江岸区深化“放管服”改革，大力推进“四办”“高效办成一件事”，营商环境考核成绩连续两年为全市第一，入选“全国营商环境百强区”“全国最具投资潜力区域百强榜”。2017 年，江岸区获批“国家区域双创示范基地”。

精耕细作 彰显城区功能品质：江岸区空气质量优良率较 2016 年提高 15.6 个百分点，高分通过国家卫生城市复查。汉口滨江国际商务区 19 个重大项目全面开工，累计吸引投资 1580 亿元，汉口历史风貌区获评 AAA 级景区，焕发出新的活力。

幸福筑基 兜牢有温度的民生：五年来，江岸区每年将 75% 以上的财政资金投入民生和社会事业，居民人均可支配收入连续三年为全市第一。社会保障体系进一步完善，养老保险基本实现全覆盖。武汉天地网红店云集，还有年纳税超 14 亿元的平安金融中心等高端楼宇在列。

区内文化、教育事业蓬勃发展

美轮美奂的大江金岸

生态环境更加优美：江岸区彰显滨江生态特色，持续打好“碧水蓝天净土保卫战”。推进“湿地花城”建设和长江沿线风光带江岸段绿化提升，亚洲最大的滨江绿化广场汉口江滩公园已完成四期建设，成为市民休闲散步的最佳场所。

经济实力更加雄厚：未来五年，江岸区将实现经济总量迈上2000亿元台阶，完成固定资产投资2000亿元，服务业增加值占比达到85%。汉口滨江国际商务区致力于打造世界一流水准的国际性、总部型滨江商务区。

（本文原载于2021年12月9日《长江日报》，收入本书时稍作删略）

江岸区内各级文物保护单位一览表

序号	名称	建筑时间	级别	公布时间	地点
1	八七会议会址	1919 年左右	国家级	1982 年	鄱阳街 139 号
2	大智门火车站	1903 年	国家级	2001 年	京汉大道 1232 号
3	詹天佑故居	1913 年	国家级	2001 年	洞庭街 65 号
4	汉口中华全国总工会旧址	1920 年、1924 年	国家级	2006 年	友益街 16 号
5	汉口汇丰银行大楼（汉口近代建筑群）	民初	国家级	2006 年	沿江大道 143 号
	汉口德国领事馆旧址（汉口近代建筑群）	1895 年	国家级	2006 年	沿江大道 188 号
	汉口横滨正金银行大楼（汉口近代建筑群）	1921 年	国家级	2006 年	南京路 2 号
	汉口华俄道胜银行旧址（汉口近代建筑群）	1898 年	国家级	2019 年	沿江大道 161 号
	汉口花旗银行大楼旧址（汉口近代建筑群）	1919—1921 年	国家级	2019 年	青岛路 1 号
	汉口新泰大楼旧址（汉口近代建筑群）	1924 年	国家级	2019 年	沿江大道 108 号
	汉口英商电灯公司旧址（汉口近代建筑群）	1905 年	国家级	2019 年	合作路 22 号
	汉口景明大楼旧址（汉口近代建筑群）	1921 年	国家级	2019 年	鄱阳街 53 号
6	京汉铁路总工会旧址	1923 年	国家级	2013 年	解放大道 2185 号
7	八路军武汉办事处旧址	1924 年	国家级	2013 年	长春街 57 号
8	汉口新四军军部旧址纪念馆	1937—1938 年	国家级	2013 年	胜利街 332—352 号
9	古德寺	1934 年前	国家级	2013 年	上滑坡路 74 号
10	武汉中共中央机关旧址	1927 年前	国家级	2013 年	胜利街 165—169 号
11	中共中央领导人汉口住地旧址	1925 年	国家级	2013 年	天津路 22 号

续表：

序号	名称	建筑时间	级别	公布时间	地点
12	汉口中共中央宣传部旧址暨瞿秋白旧居陈列馆	1917 年	国家级	2013 年	吉庆街 126 号
13	苏联空军志愿队烈士墓	1956 年	国家级	2019 年	解放公园内
14	湖北共进会旧址	1909—1911 年	省级	1992 年	上海街楚善里 28 号
15	辛亥首义烈士公墓（两处之一）	1911 年	省级	1956 年	球场路 2 号
16	“二七”惨案烈士纪念碑	1956 年	省级	1956 年	二七路 60 号
17	史沫特莱旧居（鲁兹故居）	1913 年前	省级	1992 年	鄱阳街 32 号
18	德明饭店	民初	省级	2003 年	胜利街 245 号
19	汉口麦加利银行大楼	1865 年	省级	2008 年	洞庭街 41 号
20	汉口上海路天主堂	1876 年	省级	2008 年	上海路 16 号
21	汉口美国领事馆旧址	1905 年	省级	2008 年	车站路 1 号
22	汉口英商和利冰厂旧址	1918 年	省级	2008 年	岳飞街 44 号
23	汉口美国海军青年会旧址	1915 年	省级	2008 年	黎黄陂路 10 号
24	汉口赞育药房	1913 年	省级	2008 年	洞庭街 103—105 号
25	唐生智公馆旧址	1913 年	省级	2008 年	胜利街 163 号
26	汉口电话局旧址	1916 年左右	省级	2008 年	合作路 51 号
27	汉口交通银行旧址	1921 年	省级	2008 年	胜利街 2 号
28	汉口平汉铁路局旧址	1911 年	省级	2008 年	胜利街 174 号
29	汉口盐业银行大楼	1926—1927 年	省级	2008 年	中山大道 988 号
30	汉口商业银行大楼	1931—1932 年	省级	2008 年	南京路 86 号
31	中南局招待所旧址	20 世纪 30 年代	省级	2008 年	惠济路 16 号迎宾馆

续表：

序号	名称	建筑时间	级别	公布时间	地点
32	武汉防汛纪念碑	1969 年	省级	2008 年	汉口滨江公园内
33	汉口东正教堂	1885 年	省级	2014 年	鄱阳街 48 号
34	亚细亚火油公司汉口分公司旧址	1924 年	省级	2014 年	天津路 1 号
35	中国银行汉口分行旧址	1915 年	省级	2014 年	中山大道与江汉路交会处
36	中国实业银行大楼旧址	1934 年	省级	2014 年	江汉路 22 号
37	上海商业储蓄银行汉口分行旧址	1923 年	省级	2014 年	江汉路 60 号
38	西商赛马俱乐部旧址	1902 年	省级	2014 年	解放公园内
39	国共汉口会议旧址（杨森公馆旧址）	1922 年	省级	2014 年	惠济路 39 号
40	英文楚报馆旧址	1924 年	省级	2014 年	胜利街 99 号
41	汉口国民政府外交部旧址	1905 年	省级	2014 年	一元路 5 号
42	巴公房子	1910 年、1912 年	省级	2021 年	鄱阳街 86 号
43	源泰洋行旧址	1902 年	省级	2021 年	黎黄陂路旁
44	顺丰茶栈旧址	1901—1902 年	省级	2021 年	兰陵路与洞庭街交会处
45	俄商新泰茶厂水塔旧址	约 1905 年	省级	2021 年	兰陵路 5 号
46	林祥谦烈士就义处和林祥谦塑像	林祥谦 1923 年就义、1983 年政府为其塑像	市级	1983 年	二七滨江商务核心区
47	汉口民国日报社旧址	1922 年	市级	1983 年	泰宁街 2 号
48	刘少奇同志故居	20 世纪 20 年代	市级	1983 年	尚德里 4 号
49	中共中央长江局旧址	1927 年	市级	1983 年	珞珈山街 12 号
50	向警予故居	清末民初	市级	1988 年	三德里 27 号

续表：

序号	名称	建筑时间	级别	公布时间	地点
51	汉口日清洋行大楼旧址	1913 年	市级	1998 年	沿江大道 131 号
52	汉口美最时洋行大楼	1896 年	市级	1998 年	一元路 2 号
53	德国西门子洋行汉口分行旧址	1908 年	市级	1998 年	一元路 2 号
54	平和打包厂旧址	1905 年	市级	2011 年	青岛路 10 号
55	东方汇理银行汉口分行旧址	1902 年	市级	2011 年	沿江大道 171 号
56	立兴洋行汉口分行旧址	清末民初	市级	2011 年	沿江大道 183 号
57	保安洋行旧址	1914 年	市级	2011 年	青岛路 8 号
58	珞珈山街住宅区	1910—1927 年	市级	2011 年	珞珈山街 1—46 号
59	汉口碉堡群	民国	市级	2011 年	头道街、张公堤
60	汉口华商总会旧址	1922—1923 年	市级	2011 年	江汉二路 157 号
61	武汉剧院	1959 年	市级	2011 年	解放大道旁
62	武汉卫戍司令部军法处旧址	1923 年左右	市级	2011 年	铭新街 8 号

注：“国家级”指全国重点文物保护单位，“省级”指湖北省文物保护单位，“市级”指武汉市文物保护单位。

江岸区内不可移动文物一览表

序号	名称	时代	地点
1	二德里	民国	德润社区
2	福新里	民国	江汉路与铭新街交会处
3	福忠里	1919 年	南京路和汇通路中间、吉庆街和江汉二路中间
4	汉口中国国货银行旧址	20 世纪 30 年代	中山大道与南京路交会处
5	南京路 113 号办公楼旧址	1937 年	南京路 113 号
6	万尧芳公馆旧址	1921 年	铭新街 19 号
7	吴佩孚公馆旧址	1925 年	南京路 124 号
8	汉口华商赛马公会旧址	1922—1924 年间	汇通路 20 号
9	江汉二路侵华日本水牢旧址	1938 年	江汉二路 150 号
10	金城里	1932 年	中山大道 677 号附近
11	金城银行旧址	1930 年	保华街 2 号
12	金业里	民国	中山大道中段西侧，南京路与吉庆街交会处西侧
13	聚兴诚银行旧址	1936 年	江汉路 116 号
14	退思里	民国	德润社区
15	中共中央组织部旧址	1928 年	铭新街 13 号
16	汉口基督教荣光堂	1931—1932 年	黄石路 26 号
17	楚光日报社旧址	1926 年	铭新街 3 号
18	居仁里	民国	大智街道
19	武汉卫戍司令部旧址	1920 年	铭新街 18 号
20	大陆银行旧址	1934 年	中山大道 912 号

续表：

序号	名称	时代	地点
21	大陆坊	1934 年	中山大道与南京路交会处
22	德国工部局巡捕房旧址	清末	胜利街 271 号
23	俄租界工部局旧址	清末	黎黄陂路与胜利街交会处
24	俄租界天主教主教公寓	民国	黎黄陂路 40 号
25	大孚银行旧址	1935 年	中山大道旁
26	俄商住宅旧址	1905 年	兰陵路 58—2 号
27	车站路 8 号近代建筑	1930 年	车站路 8 号
28	车站路 5 号近代建筑	民国	车站路 5 号
29	卜内门洋行旧址	1921 年	胜利街 87 号
30	宝顺洋行旧址	1906 年	天津路 5 号
31	洞庭街 141 号近代建筑	民国	洞庭街 141 号
32	洞庭村	1931 年	南京路与青岛路之间
33	高氏医院旧址	1936 年	黎黄陂路 38 号
34	广东银行汉口分行旧址	1923 年	扬子街 7 号
35	惠罗公司旧址	1915 年	黄陂路和鄱阳街、洞庭街交会处
36	利华打包厂旧址	民国	鄱阳街 11 号
37	李凡洛夫公馆	1913 年	洞庭街 86—90 号
38	鄱阳街 9、11 号建筑	民国	鄱阳街 9 号、11 号
39	庆祥里	民国	二曜路与中山大道交叉路口东南侧
40	日伪汉口放送局旧址	1938 年	胜利街 171 号

续表:

序号	名称	时代	地点
41	日信洋行旧址	民初	江汉路 12 号
42	三北轮埠公司汉口分公司旧址	1922 年	沿江大道 167 号
43	上海村	1923 年	鄱阳街与江汉路步行街相交处北侧
44	圣母汉口无染原罪堂旧址	清末民初	车站路 25 号
45	胜利街 237—243 号民居	民国	胜利街 237—243 号
46	胜利街 257 号近代建筑	1927 年	胜利街 257 号
47	胜利街 257 号近代建筑（附属建筑）	1928 年	胜利街 249、251、254 号
48	首善堂旧址	1913 年	黎黄陂路 27 号
49	四川美丰银行汉口分行旧址	1934 年	胜利街 3 号
50	四明银行汉口分行旧址	1934—1936 年	江汉路 45 号
51	太古洋行汉口分行旧址	民国	沿江大道 140 号
52	泰兴里	1907 年	胜利街 160 号
53	天津路近代建筑	民国	天津路与胜利街交会处
54	汉口荣宝斋	1934 年	中山大道 958 号
55	汉口万字会旧址	民国	天津路 57—55 号
56	汉润里	1912 年	中山大道 952—960 号
57	皇宫舞厅及弹子房旧址	民国	洞庭街 91—97 号
58	黄陂二里	1937 年	黎黄陂路旁
59	东方汇理银行汉口分行旧址	1902 年	沿江大道 171 号
60	江汉村	1934—1936 年	江汉路、上海路之间

续表：

序号	名称	时代	地点
61	解放电影院旧址	1918 年	蔡锷路 28 号
62	坤厚里	1912 年	一元路西段与一元小路之间
63	天主教医院旧址	1907 年	黎黄陂路 42—48 号
64	同兴里	1928—1932 年	洞庭街 83 号
65	五花宾馆旧址	1913 年	黎黄陂路旁
66	武汉市医药卫生学会旧址	1933 年	胜利街 155 号
67	同仁医院旧址	1902 年	洞庭街 149 号
68	咸安坊	1933 年	胜利街 59 号
69	延庆里	1933 年	胜利街 277—289 号
70	沿江大道 144 号近代建筑	1922 年	沿江大道 144 号
71	沿江大道 153 号近代建筑	民国	沿江大道 153 号
72	叶蓬公馆旧址	1910 年	青岛路 15 号
73	一元路 4 号住宅	民国	一元路 4 号
74	一元路 6 号近代建筑	1937 年	一元路 6 号，在中山大道和胜利街之间
75	一元小路特 1 号民居	民国	一元小路特 1 号
76	怡和布店旧址	民国	江汉路 64 号
77	英国礼拜堂旧址	1880 年	天津路 28 号
78	英国水兵宿舍旧址	民国	胜利街 261 号
79	英商颐中烟草公司旧址	20 世纪 30 年代	合作路和鄱阳街交会处
80	永利银行旧址	1946 年	江汉路 20 号

续表：

序号	名称	时代	地点
81	岳飞街 1 号近代建筑	民国	岳飞街 1 号
82	中国实业银行汉口分行旧址	1934 年	江汉路 22 号
83	中孚里	1917 年	南京路与中山大道交会处
84	中孚银行汉口分行旧址	1920 年	南京路 45 号
85	中南银行旧址	1923 年	江汉路与胜利街交会处（江汉路 62 号）
86	中央信托局汉口分局旧址	1936 年	中山大道 910 号
87	汉口信义公所旧址	1923—1924 年	洞庭街 77 号
88	中国农民银行旧址	20 世纪 30 年代	胜利街 35、37、39 号
89	涂堃山公馆	1917 年	车站路 10 号
90	立兴洋行汉口分行旧址	清末民初	沿江大道 183 号
91	黎黄陂路 47 号建筑	民国	黎黄陂路 47 号
92	英国领事官邸旧址	1860 年代	天津路 10 号
93	周苍柏公馆	1920 年	黎黄陂路黄陂村 5—7 号
94	法国领事馆旧址	1892 年	洞庭街 81 号
95	俄国领事馆旧址	1904 年	洞庭街 62 号
96	大舞台旧址	1932 年	友益街 103 号
97	车站路 100 号近代建筑	民国	车站路 100 号
98	万鹤龄药店旧址	20 世纪 30 年代	中山大道 889 号
99	华商饭店旧址	1929 年	友益街新成里
100	铁路饭店旧址	1917 年	车站路 68 号

续表：

序号	名称	时代	地点
101	萧耀南公馆	1925 年	中山大道 911 号
102	新华里	民国	黄兴路新华里
103	中山大道 909 号近代建筑	1935 年	中山大道 909 号，萧耀南公馆旁
104	雨农图书馆旧址	1921 年	中山大道与黄兴路交会处
105	安利英洋行旧址（原胜利饭店）	1929 年	胜利街与四唯街交会处
106	胜利街 325 号近代建筑	民国	胜利街 325 号
107	胜利街 333 号近代建筑	民国	胜利街 333 号
108	四唯路 2 号近代建筑	1937—1938 年	四唯路 2 号
109	五福路 86 号民居	民国	五福路 86 号
110	胜利街侵华日军军官宿舍旧址	1938—1945 年	胜利街 256—272 号
111	胜利街 307 号近代建筑	民国	胜利街 307 号
112	卢沟桥路 11 号民居	清	卢沟桥路与胜利街交会处
113	卢沟桥路侵华日军水牢旧址	民国	卢沟桥路 33—39 号
114	日本领事馆旧址	1943 年	沿江大道 234 号
115	胜利街 305（347）号近代建筑	民国	胜利街 347 号
116	胜利街 337—19 号近代建筑	民国	胜利街 337—19 号
117	胜利街 339 号近代建筑	民国	胜利街 339 号
118	武汉天地一号近代建筑	民国	卢沟桥路武汉天地商务群
119	武汉天地二号近代建筑	民国	卢沟桥路武汉天地商务群
120	武汉天地三号近代建筑	民国	卢沟桥路武汉天地商务群

续表:

序号	名称	时代	地点
121	武汉天地四号近代建筑	民国	卢沟桥路武汉天地商务群
122	武汉天地五号近代建筑	民国	卢沟桥路武汉天地商务群
123	武汉天地六号近代建筑	民国	卢沟桥路武汉天地商务群
124	武汉天地七号近代建筑	民国	卢沟桥路武汉天地商务群
125	武汉天地八号近代建筑	民国	卢沟桥路武汉天地商务群
126	武汉天地九号近代建筑	民国	卢沟桥路武汉天地商务群
127	长春街 75 号近代建筑	民国	长春街 75 号
128	西商赛马俱乐部大看台	1905 年	解放公园路
129	江岸车站会议室	1976 年	江岸车站机务段内现周大福金融中心地块
130	武汉肉类联合加工厂	1952 年	江岸路 12 号
131	抢修二道桥纪念碑	1949 年	朱家河村二道桥工区，京广铁路东侧约 100 米处
132	国共汉口会议旧址	1922 年	惠济路 39 号

江岸区内武汉市优秀历史建筑一览表

序号	建筑原名称	建筑现名称	建筑地址	保护等级	公布批次
1	李凡洛夫公馆	市警察协会等	江岸区洞庭街86—90号	一级	1
2	俄国领事馆	洞庭壹号	江岸区洞庭街90号	一级	1
3	立兴洋行汉口分行	居民区	江岸区洞庭街116—118号	一级	1
4	咸安坊	房屋空置	江岸区胜利街南京路下首	一级	1
5	金城银行	武汉美术馆	江岸区中山大道与南京路交会处	一级	1
6	三菱洋行职员宿舍及松廼家酒店旧址（文保：胜利街侵华日军军官宿舍旧址）	部队家属住宅	江岸区胜利街256-272号	一级	1
7	怡和村	市委机关住宅	江岸区解放公园53号	一级	1
8	吴家花园（文保：吴佩孚公馆）	民宿	江岸区南京路124号	一级	3
9	南京路72—80号	居民区	江岸区南京路72—80号	一级	5
10	宝顺洋行	居民区	江岸区天津路5号	一级	5
11	中孚银行（中孚银行汉口分行旧址）	丰源商务宾馆	江岸区南京路47号	一级	5
12	怡和洋行住宅（文保：日伪放送局旧址）	中共中央机关旧址纪念馆辅助用房	江岸区胜利街171—173号	一级	5
13	南京路122号	美庐时尚餐厅	江岸区南京路122号	一级	5
14	中山大道891—903号	居民区	江岸区中山大道891—903号	一级	5
15	胜利街333号	江岸区好儿童托教部	江岸区胜利街333号	一级	5
16	胜利街325号	胜利街325号	江岸区胜利街325号	一级	5
17	日本居留民团办事处	胜利街335号	江岸区胜利街335号	一级	5
18	日本汉口测候所（文保：胜利街339号近代建筑）	涂长望陈列馆	江岸区胜利街339号	一级	5
19	德华学堂	市六中办公用房	江岸区球场街64号	一级	5

续表：

序号	建筑原名称	建筑现名称	建筑地址	保护等级	公布批次
20	市政府礼堂	市政府礼堂	江岸区沿江大道 187 号	一级	6
21	中南银行	安踏专家店、阿迪达斯专卖店与居住区	江岸区江汉路 62、64 号	一级	7
22	八大家	闻一多基金会	滨江里 1—22 号	一级	7
23	叶蓬公馆	武汉城投房产集团有限公司办公楼	江岸区青岛路 15 号	一级	7
24	涂堃山、傅绍庭公馆	武汉市商务局办公楼	江岸区黎黄陂路 27—29 号	一级	7
25	美国美孚石油公司	武汉宏福源物流公司办公楼	江岸区江岸路 5 号	一级	7
26	汉口民生轮船公司旧址	肥肥虾庄	鄱阳街 7 号	一级	8
27	德明饭店小洋楼	江汉饭店用房	蔡锷路与胜利街交会处	一级	8
28	中山大道 909 号	省海外旅游公司	中山大道 909 号	一级	8
29	洞庭街 68—70 号	居民区	洞庭街 68—70 号	一级	9
30	汉口真光照相馆	胜利街 247 号	胜利街 247 号	一级	9
31	法租界消防队	居民区	岳飞街 19 号	一级	9
32	平汉铁路局宿舍	居民区	车站路 35 号	一级	9
33	黎黄陂路 44—48 号（天主教医院旧址）	居民区	黎黄陂路 44—48 号	一级	9
34	英美烟草公司办公楼（文保：英商颐中烟草公司旧址）	市旅游协会办公楼	合作路与鄱阳街交会处	一级	9
35	日本海军陆战队军营	幼儿园	张自忠路 2 号	一级	9
36	协同神学院	市直属机关育才幼儿园 1—5 号楼	黄孝河路育才幼儿园内	一级	10
37	永泰和烟草公司	商业	南京路 49 号	一级	11

续表：

序号	建筑原名称	建筑现名称	建筑地址	保护等级	公布批次
38	五福路 86 号	居民区	五福路 86 号	一级	11
39	美国生利洋行	居民区	胜利街 178 号	一级	12
40	洞庭街 85 号老宅	居民区	洞庭街 85 号	一级	12
41	日军“笔部队”驻地	居民区	吉庆街 39 号	一级	12
42	车站路 21 号	居民区	车站路 21 号	一级	12
43	丹麦金龙洋行（文保：洞庭街 141 号近代建筑）	江岸区市场监督管理局办公楼	洞庭街 141 号	一级	13
44	四川美丰银行汉口分行	居民区	胜利街 3 号	一级	13
45	铁路饭店	新华书店	车站路 68 号	一级	13
46	丹麦宝隆洋行（文保：胜利街 307 号近代建筑）	市城管执法委办公用房	胜利街 305 号	一级	13
47	永利银行	风貌安邸酒店	江岸区江汉路 20 号	二级	1
48	洞庭村	洞庭村	江岸区洞庭街	二级	1
49	同兴里	同兴里	江岸区洞庭街 83 号	二级	1
50	首善堂	市商务局办公楼	江岸区黎黄陂路 31 号	二级	1
51	大陆坊	大陆坊	江岸区中山大道南京路路口	二级	1
52	江汉村、六也村	江汉村	江岸区洞庭街口	二级	1
53	上海村	上海村	江岸区江汉路上海银行侧	二级	1
54	德国工部局巡捕房（文保：德国巡捕房旧址）	市警察博物馆	江岸区胜利街 271 号	二级	1
55	法国领事馆	房屋空置	江岸区洞庭街 81 号	二级	1
56	周苍柏公馆	房屋空置	江岸区黄陂村 5、6、7 号	二级	1

续表:

序号	建筑原名称	建筑现名称	建筑地址	保护等级	公布批次
57	大孚银行	武汉图书馆期刊外借处	江岸区南京路104号	二级	1
58	中央信托局汉口分局	省交通厅质监局办公楼、翡冷翠婚纱影楼	中山大道908号	二级	1
59	汉口信义公所(文保:基督教信义公所大楼)	市基督教协会办公楼	江岸区洞庭街77号	二级	1
60	浙江实业银行汉口分行	房屋空置	江岸区中山大道910号	二级	1
61	日信洋行	江汉路4号	江岸区江汉路4号	二级	1
62	广东银行汉口分行	居民区	江岸区扬子街7号	二级	1
63	金城里	武汉美术馆	江岸区中山大道与南京路交汇处	二级	1
64	武汉卫戍司令部	江岸区大智街办事处	江岸区铭新街18号	二级	1
65	聚兴诚银行	工业大楼	江岸区江汉路116号	二级	1
66	格非堂(文保:汉口基督教荣光堂旧址)	基督教荣光堂	江岸区黄石路26号	二级	1
67	华商赛马公会	市政府参事室办公楼	江岸区汇通路18号	二级	1
68	萧耀南公馆	F64婚纱影楼	江岸区中山大道911号	二级	1
69	涂堃山公馆	车站路10号	江岸区车站路10号	二级	1
70	安利英洋行汉口分行	市人大办公楼	江岸区沿江大道222号	二级	1
71	日本驻汉口总领事馆遗址	汇申大酒店	江岸区山海关路	二级	1
72	车站路8号	车站路8号	车站路8号	二级	3
73	韶山二里(文保:黄陂二里)	黄陂二里	黄陂二里3—9号	二级	3
74	一元路6号	一元路6号	一元路6号	二级	3
75	英商太古洋行汉口分行	长江航道局	沿江大道140号	二级	3

续表：

序号	建筑原名称	建筑现名称	建筑地址	保护等级	公布批次
76	胜利街 257 号	房屋空置	胜利街 257 号	二级	3
77	胜利街 155 号（武汉市医药卫生学会旧址）	中华医学会	胜利街 155 号	二级	3
78	汉润里	汉润里	汉润里	二级	3
79	铭新街 19 号（文保：万尧芳公馆）	中国钢铁炉料中南公司	铭新街 21 号	二级	3
80	南京路 113 号	南京路 113 号	南京路 113 号	二级	3
81	沿江大道 153 号	沿江大道 153 号	沿江大道 153 号	二级	4
82	圣教书局	华发青岛路片项目展示中心	鄱阳街 49 号	二级	4
83	高氏医院	居民区	黎黄陂路 38 号	二级	4
84	沿江大道 163 号（文保：李凡诺夫夫人旧居）	沿江大道 163 号	沿江大道 163 号	二级	4
85	沿江大道 173—179 号（文保：汇理银行汉口分行住宅楼）	居民区	沿江大道 173—179 号	二级	4
86	岳飞街 1 号	岳飞街 1 号	岳飞街 1 号	二级	4
87	车站路 25 号（文保：圣母无原罪堂旧址）	教堂	车站路 25 号	二级	4
88	沿江大道 144 号	沿江大道 144 号	沿江大道 144 号	二级	4
89	三北轮船公司	沿江大道 167 号	沿江大道 167 号	二级	4
90	中山大道 889 号（万鹤龄药店旧址）	中山大道 889 号	中山大道 889 号	二级	4
91	江汉二路 148 号（江汉二路侵华日本水牢旧址）	居民区	江岸区江汉二路 150 号	二级	5
92	黎黄陂路 40 号（俄租界天主教主教公寓）	长安老年康乐园	江岸区黎黄陂路 40 号	二级	6

续表:

序号	建筑原名称	建筑现名称	建筑地址	保护等级	公布批次
93	蔡锷路3、5、7号	慎成宴	江岸区蔡锷路3、5、7号	二级	6
94	胜利街259–2、3、4、5、号	居住	江岸区胜利街259号	二级	6
95	关麟书旧宅	市教育局勤工俭学处办公用房	江岸区蔡锷路1号	二级	6
96	一元路4号	一元路4号	江岸区一元路4号	二级	6
97	胜利街261号（英国水兵宿舍旧址）	市金融工作局办公楼	江岸区胜利街261号	二级	6
98	裕民部洋行	居民区	江岸区黎黄陂路18—34号	二级	6
99	洞庭街91—97号（文保：皇宫舞厅及弹子房旧址）	居民区	江岸区洞庭街91—97号	二级	6
100	鼎新里	鼎新里	江岸区鼎新里	二级	6
101	原安息日会警世堂	江岸区城管局直属一队	江岸区中山大道769号	二级	6
102	英国领事馆官邸	滨江里	江岸区天津路10号	二级	7
103	周星堂公馆（文保：俄商住宅旧址）	江岸区疾控中心	兰陵路58–2号	二级	7
104	普海春大酒店	扬子江酒店	江岸区江汉路104—106号	二级	7
105	保华街1—31号	保元里临街房屋	保华街1—31号、汇通路1号	二级	8
106	俄国总会	居民区	兰陵路17—19号	二级	9
107	高氏老宅	居民区	兰陵路21号	二级	9
108	岳飞街28—34号	居民区	岳飞街28—34号	二级	9
109	黄陂村8号	居民区	黄陂村8号	二级	9
110	鄱阳街9号	居民区	鄱阳街9号	二级	9
111	老沙逊洋行仓库	仓库	洞庭街32号	二级	9
112	保元里	保元里	保华街与汇通路交会处	二级	9

续表：

序号	建筑原名称	建筑现名称	建筑地址	保护等级	公布批次
113	福忠里	福忠里	南京路与汇通路之间	二级	9
114	金业里	金业里	吉庆街与南京路之间	二级	9
115	泰安里	泰安里	南京路与汇通路之间	二级	9
116	鄱阳街 5 号	居住	鄱阳街 5 号	二级	9
117	三德里	三德里	中山大道中段北侧，海寿街西侧	二级	9
118	中山大道 907 号	居住	中山大道 907 号	二级	9
119	日本三井洋行职员住宅（文保：四唯路 2 号近代建筑）	空置	胜利街 303 号	二级	9
120	夏斗寅汉口公馆	武汉天地 LOOKNOW	中山大道 1622 号（北部）	二级	9
121	李石樵公馆	武汉天地 LOOKNOW	中山大道 1622 号(西北部)	二级	9
122	日本教师住宅	武汉天地 KONWIN	中山大道 1622 号（南部）	二级	9
123	日本东京建物株式会社旧址（文保：长春街 75 号）	居民区	长春街 73—75 号	二级	9
124	惠罗公司（文保：惠罗公司旧址）	黎黄陂路 7 号	黎黄陂路 7 号	二级	10
125	中孚里 2—5 号	中孚里 2—5 号	中孚里 2—5 号	二级	10
126	鼎馀里 1—9 号	鼎馀里 1—9 号	鼎馀里 1—9 号	二级	10
127	望德堂	环球艺术家美术馆	黄兴路 1 号	二级	10
128	日本汉口明治寻常高等小学校校长公馆	武汉天地 A4 商业区 7 号楼洋房汤馆	芦沟桥路 66 号	二级	10
129	黎黄陂路 36 号	居住	黎黄陂路 36 号	二级	11
130	江汉关职员宿舍（文保：英国礼拜堂）	市群艺馆用房	鄱阳街 40 号	二级	11
131	大陆银行	南京路 51 号	南京路 51 号	二级	11

续表:

序号	建筑原名称	建筑现名称	建筑地址	保护等级	公布批次
132	泰兴里	泰兴里	泰兴里 1–13 号、2–16 号	二级	11
133	比利时驻汉口总领事馆	居民区	蔡锷路 21 号	二级	12
134	邮局职员宿舍	居民区	海寿街—4 号	二级	12
135	黄兴路 37—53 号	居民区	黄兴路 37—53 号	二级	12
136	华新里	华新里	中山大道与黄兴路交会处两侧	二级	12
137	辅仁里	辅仁里	辅仁里 1—10 号	二级	12
138	胜利街 331 号	居民区	胜利街 331 号	二级	12
139	民生轮船公司海员公寓	居民区	张自忠路 1 号	二级	12
140	德国美最时洋行电厂办公楼	居民区	沿江大道 194—196 号	二级	13
141	汉口银行公会	睿柏·云酒店	汇通路 3 号	二级	13
142	汉口特区警察署	居民区	胜利街 112—114 号	二级	13
143	中南军区办公楼	联勤保障部队机关东、西办公楼	永清路 20 号	二级	13

注：武汉市优秀历史建筑公布的时间是第一批 1993 年，第二批 2005 年，第三批 2006 年，第四批 2007 年，第五批 2010 年，第六批 2012 年 1 月，第七批 2012 年 11 月，第八批 2013 年，第九批 2014 年，第十批 2016 年，第十一批 2018 年，第十二批 2019 年，第十三批 2020 年。

三峡集团在江岸区注册企业情况一览表

序号	企业名称	主营业务	注册地址	注册 / 迁入江岸区时间	注册资本（元）	备注
1	中国长江三峡集团有限公司	项目投资、股权投资	江岸区六合路 1 号	2021 年 12 月	2115 亿	
2	长江生态环保集团有限公司	生态保护、环境治理	江岸区六合路 1 号	2018 年 12 月	300 亿	
3	三峡基地发展有限公司	企业管理咨询、房地产开发	江岸区六合路 1 号	2020 年 8 月	15.7 亿	2020 年 8 月，从东湖新技术开发区迁至江岸区
4	长江三峡绿洲技术发展有限公司	环保和新能源设备研究、开发、生产、销售	江岸区五福路 78 号	2019 年 5 月	1 亿	上级公司为长江生态环保集团有限公司
5	湖北三峡生态环境有限公司	自来水生产与供应、城市建筑垃圾处置	江岸区六合路 1 号	2021 年 6 月	1 亿	上级公司为长江三峡水电工程有限公司（注册地为宜昌），长江三峡水电工程有限公司的上级公司为三峡基地发展有限公司
6	三峡云环境科技（湖北）有限公司	危险废物经营	江岸区六合路 1 号	2021 年 9 月	5000 万	上级公司为长江清源节能环保有限公司（注册地为上海），长江清源节能环保有限公司的上级公司为长江生态环保集团有限公司
7	长江三峡投资（湖北）有限公司	投资与资产管理	江岸区六合路 1 号	2021 年 12 月	20 亿	上级公司为长江三峡投资管理有限公司（三峡集团二级子公司，注册地为上海）

续表：

序号	企业名称	主营业务	注册地址	注册 / 迁入江岸区时间	注册资本（元）	备注
8	三峡道达尔能源充电服务（湖北）有限公司	充电设施建设与运营	江岸区六合路 1 号	2021 年 12 月	7 亿	中外合资企业，上级公司为三峡资本控股有限责任公司（三峡集团子公司，注册地为北京）
9	三峡智慧水务科技有限公司武汉研发中心	智能水务系统开发、软件开发、信息系统集成服务	江岸区六合路 1 号	2022 年 2 月	分公司	系三峡智慧水务科技有限公司（注册地为上海，注册资本 7000 万元，上级公司为长江生态环保集团有限公司）分公司
10	长江三峡实业有限公司武汉分公司	房地产开发、物业管理	江岸区五福路 78 号	2022 年 4 月	分公司	长江三峡实业有限公司（上级公司为三峡基地发展有限公司）将武汉项目部变更为武汉分公司
11	湖北三峡生态环境有限公司武汉分公司	自来水生产与供应、城市建筑垃圾处置	江岸区六合路 1 号	2022 年 6 月	分公司	湖北三峡生态环境有限公司的上级公司为长江三峡水电工程有限公司（注册地为宜昌），长江三峡水电工程有限公司的上级公司为三峡基地发展有限公司

江岸区2021年以来招引头部企业情况表

序号	企业名称	企业性质	企业基本情况	进展情况
1	中国长江三峡集团有限公司	央企总部	三峡集团是全球最大的水电开发运营企业和中国最大的清洁能源集团，是国务院国资委确定的首批创建世界一流示范企业之一，资产规模超1.1万亿元。	已落户三峡集团总部大楼
2	中能建绿色建材有限公司	世界500强企业分支机构	中国能源建设集团（股份）有限公司全资子公司，注册资本60亿元。中国能源建设集团（股份）有限公司是国务院国资委监管的大型央企，在世界500强中排名第353位。	已落户香格里拉中心写字楼
3	新希望集团华中总部	世界500强企业分支机构	新希望集团武汉锦悦嘉商贸有限公司成立于2021年2月25日，注册地为新村街道二七路与建设大道交会处（建设大道1131号）利腾国际第1栋2层10-6室，法定代表人为张颖聪。	已落户利腾国际写字楼
4	太平洋财险湖北分公司	世界500强企业分支机构	太平洋财险湖北分公司是太平洋产险设在湖北地区专门经营各类财产保险的一级分公司。目前湖北分公司在湖北共有77家机构，曾获得“湖北市场行业双十佳企业”、武汉市场驰名企业等荣誉称号。	已落户江岸浙商大厦
5	信达证券湖北分公司	区域总部	信达证券注册地为北京市，注册资本为15.11亿元人民币，拥有100余家分支机构。	已落户中信泰富大厦

续表:

序号	企业名称	企业性质	企业基本情况	进展情况
6	集友银行武汉分行	外资银行区域总部	集友银行目前在中国设有多家分行。	已落户江岸浙商大厦
7	湖北三峡生态环境有限公司	央企子公司	三峡集团分支机构，经营自来水生产与供应、城市建筑垃圾处置（清运）、城市生活垃圾处置等。	已落户三峡集团总部大楼
8	三峡云环境科技(湖北）有限公司	央企子公司	三峡集团分支机构，主营危险废物，2021 年 9 月 23 日注册成立。	已落户三峡集团总部大楼
9	武汉人才集团有限公司	人力资源行业头部企业	武汉市一级国有企业，华中地区最大的人力资源服务机构。	已落户金源世界中心
10	湖北中珅供应链管理有限公司	中国 500 强企业分支机构	人民控股集团子公司，2021 年 6 月 29 日成立，主要从事货物进出口、技术进出口和预包装食品销售。	已落户中环大厦
11	湖北山水风酒业有限公司	中国 500 强企业分支机构	稻花香集团二级子公司。	已落户五福路 78 号
12	陕煤华中煤炭销售有限公司	国企	湖北省煤炭投资开发有限公司全资子公司，主营煤炭销售。	已落户五福路 78 号

续表：

序号	企业名称	企业性质	企业基本情况	进展情况
13	国电投长江生态能源有限公司	世界500强企业分支机构	世界500强国家电力投资集团有限公司旗下企业，主营新能源发电、输电、供电业务。	已落户谌家矶大道88号
14	武汉仙辉医药有限公司	世界500强平安集团旗下企业	2021年7月入驻黄浦科技园创立方产业园，增资到5000万元，主营医疗器械销售等。	已落户创立方产业园
15	武汉市规划设计有限公司	国企	主营国土空间规划编制、建设工程设计等。	已落户包豪斯大厦
16	智慧体育产业发展（武汉）有限公司	国企	由武汉体投、中奥体育、湖北通服三方合作组建，主营广播电视节目制作。	已落户后湖大道95号
17	长江三峡投资（湖北）有限公司	央企子公司	三峡集团分支机构，主营投资管理与资产管理，注册资本20亿元。	已落户三峡集团总部大楼
18	三峡道达尔能源充电服务（湖北）有限公司	央企子公司	三峡集团分支机构，主营充电设施建设与运营，注册资本7亿元。	已落户三峡集团总部大楼
19	中核国宏智慧城市有限公司	央企子公司	中核工业集团旗下企业，注册资本1亿元，主营智慧停车场建设。	已落户香格里拉中心写字楼

续表:

序号	企业名称	企业性质	企业基本情况	进展情况
20	湖北中南地铁传媒有限公司	国企	主营广告制作、发布服务等。	已落户三阳路地铁大厦
21	湖北商贸物流集团有限公司	国企	由湖北联投集团组建，主营成品油批发。	已落户三阳路地铁大厦

江岸区 2022 年纳税过亿元楼宇一览表

序号	楼宇名称	楼宇地址
※1	平安金融中心	中山大道 1628 号
※2	天悦外滩金融中心	沿江大道与三阳路交会处
3	中信泰富大厦	中山大道 1627 号
4	中原大厦	解放大道 1328 号
5	武银大厦	建设大道 618 号
6	民生银行大厦	新华路 396 号
7	龙韵大厦	工农兵路 65 号
8	江花综合大楼 A 座	三阳路 55 号
9	浙商大厦	建设大道 738 号
10	中信建筑设技院科技大楼	四唯路 8 号
11	长江水利委员会设计大楼	解放大道 1863 号
12	光大银行大楼（原汉口汇丰银行大楼）	沿江大道 143 号
13	新长江国际 A 栋	解放大道 1208 号
14	新源大厦	胜利街 128 号
15	武汉供电公司电力生产调度楼	解放大道 1053 号
16	金冠大厦	开明路 5 号
17	融创融汇广场	三阳路与解放大道交会处
18	中南设计研究院	解放公园路 41 号
19	铂仕汇国际广场	京汉大道 1268 号
※20	三峡总部大楼	六合路 1 号
21	百步亭总部大楼	解放大道 2609 号
22	利腾国际	二七路 155 号
23	物产大厦	建设大道 686 号

注：标 ※ 的楼宇为纳税过 10 亿元楼宇

江岸区汉口历史风貌区签约项目表

序号	项目名称	签约主体/洽谈主体	项目简介	投资金额（亿元）	项目状态	签约时间
1	汉口文创谷E区项目	杭州多牛投资管理有限公司	杭州多牛资本与区国资公司成立合资公司——武汉平和仓企业管理咨询有限公司，从事汉口文创谷项目的投资改造及运营管理。	10	已注册	2017年4月14日
2	飞马旅5i天使街区项目	上海东方飞马企业服务有限公司	上海东方飞马企业服务公司与区国资公司成立合资公司，从事汉口文创谷项目的投资改造及运营管理。	10	已注册	2017年4月14日
3	北京中新文创文化资本平台及产业基金项目	北京中新文创投资有限公司	北京中新文创投资有限公司与区国资公司成立文创谷运营公司，总投资2亿元，用于国有资产管理，并引入文化资本平台与产业基金项目。	2	已注册	2018年1月25日
4	长江左岸设计大厦项目	武汉民营投资有限公司	武汉民营投资有限公司选址江岸区沿江地块，建设长江左岸设计大厦，投资规模约150亿元，项目建设周期6年。	150	已注册	2018年10月23日
5	远东新地艳阳天城市综合体项目	北京远东新地置业有限公司	北京远东新地置业在江岸设立武汉设计之心建设发展有限公司，投资约33亿元打造艳阳天地块城市综合体项目。	约33	已开工	2019年11月1日

续表：

序号	项目名称	签约主体 洽谈主体	项目简介	投资金额（亿元）	项目状态	签约时间
6	吴家花园历史文化民宿项目	武汉博语文化传媒有限公司	博语文化在江岸区投资500万元，对市级优秀历史建筑吴家花园进行改造升级，打造集文化创新、圈层社交、艺术交流、沉浸式居住体验为一体的会所级民宿。	0.05	已开工	2021年6月26日
7	潮流盒子·武汉X118	上海锐力健身装备有限公司	上海锐力健身装备有限公司投资人民币3亿元，在江岸区建设锐力时尚中心项目，项目总面积约30000平方米，规划为全球最大的运动时尚中心，引进运动、潮牌、时尚、网红、地域文化类品牌，同时引进城市首店、华中区首店级别类店铺，提升江汉路商圈品牌级别及品牌形象。	3	已开工	2021年10月22日
总计				220.05		

后　记

《大江金岸：汉口历史风貌区图志》是《江岸文史》2022年总第24辑，在中共江岸区委、区政府的坚强领导下，在区政协委员和广大读者的关心帮助下，今天正式与大家见面了。本书编者在征集史料、调研走访、征求意见、编辑成稿的过程中，得到了“人文武汉”平台、“汉口街区”社团和王汗吾、侯红志、胡晋鄂、韩少斌、邓伟明等一批热爱家乡并宣传武汉的史志专家的鼎力相助，得到了区委宣传部、区国资公司、区房管局、区商务局、区文体旅游局、区建设局、区档案局、区服务三峡办以及一元、大智、球场、四唯、永清、丹水池等街道办事处的大力支持，更得到了武汉出版社编辑的斧正审定，在此向他们表示衷心的感谢和敬意！

寻江岸城市之根、探江岸历史之实、绘江岸人文之韵，是社会各界热爱江岸文史的人们的热切期盼。但由于时间跨度大、社会变革快、收集整理力度不够等，汉口历史档案资料收集不完整，有缺失，有遗憾……真诚地期待区政协委员、政协文史工作者能在此基础上去粗存精，对本书进行完善，让江岸汉口历史风貌区建设的画卷更加真实、完整、生动地呈现。希望各位读者一如既往地关心支持《江岸文史》的编辑发行工作，敬请将你们亲历、亲见、亲闻的资料提供给我们，通过江岸政协线上书屋“江岸文史”平台上传江岸历史记忆、时代记录，让江岸的历史得以记载和保存；诚恳欢迎各位读者对《江岸文史》的内容、体例等不吝提供宝贵意见和建议，使我们不断提高文史稿编辑工作的质量和水平，更好地发挥文史资料“存史、资政、团结、育人”的作用。

鉴于编者学识有限，书中存在遗漏和错讹在所难免，恳请各位读者予以批评指正！

编者

2023年2月